PRINCIPIOS DE ÉTICA MINISTERIAL CRISTIANA
VOLUMEN I

POR LIBORIO BLANCO

SERIE MINISTERIO

DEDICATORIA Y RECONOCIMIENTOS

A la Divina Trinidad que ha sido la fuente de inspiración en mis ministerios. A mi amada esposa Evangelina por su amor, apoyo y paciencia durante nuestra vida juntos. A mi hijo Alex, mi compañero en mis intereses editoriales y en nuestros ministerios juntos. A mis maestros del Instituto Teológico "San Pablo" de Portales, que sembraron en mí el amor por la Santa Biblia.

A mis alumnos en Guanajuato y en los Estados Unidos que me forzaron al estudio constante. A mis alumnos y consiervos, Filiberto Solís, Pedro y Rosaura Cuevas por colaborar en mis intereses editoriales mostrando siempre su amor en Cristo. A muchísimos hermanos colaboradores en los Institutos a mi cargo que fungieron como asistentes, instructores, redactores y capturistas de los materiales en preparación para las diferentes materias. Mi especial gratitud al hermano en Cristo, Abogado Miguel Carreño, por su colaboración en el capítulo sobre "Ética en el Mundo".

No se autoriza la reproducción de este libro, en su totalidad o en sus partes, ni su transmisión por cualquier medio, así como su archivo o grabado, ya sea de manera electrónica, mecánica, de fotocopiado o de cualquier otra forma, sin el permiso expreso del autor, excepto en aquellos casos previstos por las leyes de derecho de autor en los Estados Unidos de América y la República Mexicana.

Derechos Reservados©, 2016 por Graphé Publicaciones
Todos los derechos reservados; protegida por Éxodo 20:15
PO Box 2403 • Pico Rivera, CA 90662 -2403
Email: graphepub@aol.com

Diseño Editorial: Graphé
Revisión y correcciones: Lydia Carillo, Pablo Carillo
Portada: Graphé

ISBN: 978-0-9859143-5-6
Printed in the USA
Impreso en los Estados Unidos

ÍNDICE

PRÓLOGO 5

CAPÍTULO UNO
EL LLAMAMIENTO 9
    I. AFIRMÉMONOS EN EL TRABAJO EN LA VIÑA DEL SEÑOR: 9
        A. INTRODUCCIÓN 9
        B. NUESTRA RESPUESTA AL LLAMADO. 10
        C. HABLEMOS DEL LIDERAZGO. 14
        D. LIDERAZGO EN ACCIÓN 17
    EJERCICIOS DE REPASO – CAPÍTULO 1 20

CAPITULO DOS
LA ÉTICA EN EL MUNDO 21
    I. QUÉ ENTENDEMOS POR ÉTICA Y CÓMO SE DESARROLLÓ. 21
        A. INTRODUCCIÓN 21
    II. APLICACIONES PRÁCTICAS DE LA ÉTICA EN EL MUNDO. 23
        A. DEFINICIONES 23
        B. APLICACIÓN DE LA ÉTICA. 23
    III. DOS CORRIENTES DE LA ÉTICA. 25
        A. LA ÉTICA COMO FILOSOFÍA. 25
        B. ÉTICA ANTIGUA SEGÚN LOS FILÓSOFOS. 25
        C. MODELOS ANTIGUOS DE LA ÉTICA. 26

CAPITULO TRES
ÉTICA DE LA ENSEÑANZA BÍBLICA 29
    I. ÉTICA Y CRITERIO MINISTERIAL BÍBLICO. 29
        A. INTRODUCCIÓN. 29
        B. CRITERIOS INMUTABLES, PERFECTOS Y ETERNOS 29
        C. LA ÉTICA DE ENSEÑAR LA PALABRA DE VERDAD 32

CAPÍTULO CUATRO
LA ÉTICA DE LA SANTIDAD EN EL MINISTERIO 39
    I. LA SANTIDAD: UNA HERENCIA CELESTIAL 39
        A. INTRODUCCIÓN: 39
    II. LA SANTIDAD COMO VIVENCIA EN LA GRACIA: 42
        A. DEFINICIONES. 42
    III. LA NUEVA NATURALEZA DEL CRISTIANO 45
        A. TESTIMONIO AL MUNDO. 45
    IV. LAS FUERZAS QUE SE OPONEN A LA SANTIDAD. 48

A. EL SISTEMA DEL KOSMOS. 48
   B. NUESTRA PATERNIDAD DIVINA (1ª PED. 5:10) 49
   EJERCICIOS DE REPASO – CAPÍTULO 4 51
BIBLIOGRAFÍA 54
EL AUTOR 55

Prólogo

Damos gracias a Dios porque dentro del currículo de nuestros Institutos de la Iglesia Cristiana Interdenominacional en los Estados Unidos se incluye este Curso Introductorio de la Ética Ministerial que refleja la responsabilidad en el llamamiento a los diferentes ministerios que el Espíritu Santo nos ha dado para servir en la Viña del Señor.

Aunque no de manera sistemática, pero, sí guiados por la Divina Trinidad, nuestra ética cristiana se ha ido sistematizando con las enseñanzas extraídas de la Santa Biblia por varios amados siervos de Dios que, a través de los años, nos han transmitido lo que, acorde con la Palabra de Dios, es la correcta forma de comportamiento, disciplina, doctrina y administración, para dirigir al pequeño rebaño que el Señor, en su misericordia, ha puesto en nuestras manos y, de lo cual, un día tendremos que responder en la presencia del Gran Rey.

Hacemos conciencia de que este tema de la Ética en general es amplísimo y que es imposible cubrir todos los detalles de que está compuesto y aun el mismo orden en que sería lógico presentarlos; por lo complicado que resultaría cubrir todos los temas relacionados con el ministerio cristiano, estaremos cubriendo el temario general en varios pequeños volúmenes, cubriendo los temas de acuerdo al nivel de responsabilidad ministerial que se espere tener a futuro.

Durante varias épocas el Espíritu Santo ha ido dirigiendo, sosteniendo y moldeando nuestro ministerio como movimiento, en sus diferentes áreas de trabajo: corrigiendo, puliendo, redondeando y aclarando nuestros objetivos y estrategias, tanto materiales como espirituales, para lograr que de un modo eficaz, la ICIAR contribuya en la expansión del Evangelio para que <u>México y el Mundo sean para Cristo</u>.

Ahora bien, ¿Cuáles son las ventajas de poner por escrito lo que debe ser la Ética de los que servimos en la Obra de Cristo? Seguramente, muchas. Pero solo mencionaremos las más obvias:

- ➢ Permite unificar nuestra visión y misión en el trabajo que como movimiento nos ha encomendado el Divino Maestro.

- ➢ Permite unificarnos en todas nuestras prácticas ministeriales, sociales y culturales.

> Permite a aquellos que ministran en lugares lejanos o aislados conducirse en las variadas tareas de servir al Señor de manera unificada, uniforme, armoniosa y eficaz, con todos los demás.

> Promueve la unidad de los que ministran en el "Cuerpo de Cristo".

La Ética Pastoral y Ministerial es asunto en extremo delicado (1ª de Pedro 5:2-4). Porque la práctica de tan alta responsabilidad debe impactar nuestra conciencia de modo que, por ella, <u>reflejemos el carácter de Dios,</u> a pesar de ser simples e inútiles mortales. Por lo cual, en demérito para nosotros, debemos reconocer que quien dirige a la Iglesia y provee para ella todo el bien posible es el Espíritu Santo, y todos los que trabajamos en la Obra del Señor, debemos sujetarnos a su gobierno Teocrático, es decir, el Gobierno de Dios. Solo así podremos reflejar el carácter de Cristo como ministros suyo.

Los que trabajamos en la Viña de Cristo, nos sentimos anonadados, pues sabemos que ningún mérito o preparación humana nos ha concedido este lugar, sino que, habiendo oído la voz del Amado para trabajar en Su viña, hemos simplemente respondido "Heme aquí". No nos elegimos nosotros para este servicio, sino que Él por su misericordia nos eligió a nosotros. (Juan 15:16).

Por tanto, no debemos ver esta Ética como una serie de reglas frías e inflexibles, sino como una vivencia y, mejor aún, una <u>convivencia</u> constante con el Espíritu de Dios y los santos de su grey (Salmo 133). Vivencia dinámica que nos conforme, paso a paso, cada vez más, al "carácter de Dios", y que trascienda a la acción; acción que nos lleve a ser cada vez mejores y más eficientes siervos de Cristo y, a través de dicha vivencia dinámica, mejorar en todo aquello sobre lo que actuemos: la enseñanza, la predicación, el orden cultual, la sana doctrina, la verdadera santidad, el gemir por las almas perdidas, y nuestra pasión para arrancárselas del mismo infierno al enemigo, para así traerlas a las plantas de Cristo.

Sin embargo, aunque sea dinámica, es decir, de acción, la Ética Ministerial nunca deberá ser mecánica o robótica, sino en una actitud de ejecución que, por el <u>carácter de Cristo en ella,</u> rechace y destruya las obras del mal y promueva el verdadero bien, dentro y fuera de la Iglesia. Además, debemos cuidar que nunca la dinámica llegue a constituirse en una mera religiosidad, de reglas sin apoyo en las Sagradas Escrituras; o a ritos rutinarios. Sino, por el contrario, ejercitada en la "deliciosa" armonía de los Dones del Espíritu Santo en la Iglesia (1ª Cor. 12:4-11). "...porque ahí envía Jehová bendición y vida eterna". Impregnemos nuestra Ética Ministerial del "amor de Dios que sobrepasa todo entendimiento", siendo guiados por el Espíritu Santo "a toda verdad". (1ª Cor. 13:1-6).

El autor está consciente que este pequeño manual de aprendizaje sobre la ética cristiana y ministerial, es solo una plataforma para lanzarnos a las profundidades y vericuetos de nuestra práctica en los negocios del Señor. Su propósito central es motivar, tanto al estudiante ministerial, como al instructor de la materia, (y si se pudiera, también a quienes están ya aplicando estos principios en la práctica ministerial diaria) a un constante debate de preguntas y respuestas que puedan hacer de este trabajo, algo más rico y útil en el aprendizaje de esta materia tan vital para nuestro quehacer de ministros.

- ✓ Que la lectura de su contenido sirva para abrir nuestra curiosidad acerca de la profunda responsabilidad de vivir una vida de santidad inquebrantable.
- ✓ Que entre el instructor y el alumno se llegue entablar una conversación de compañeros, que los incite a profundizar aún más en los temas que se tratan, ampliando el horizonte y la visión del estudiante sobre la imperiosa necesidad de ejercer una ética bíblica adecuada en todos los ámbitos de su vida ministerial.
- ✓ Que en estos principios elementales se logre construir, con la ayuda del Espíritu Santo, una base sólida en la que se puedan ir erigiendo, como piedras vivas, las columnas que sostengan más firme al Cuerpo Ministerial de nuestras iglesias y misiones en estos tiempos apocalípticos.

Ninguna otra pretensión debe intuirse de su contenido, sino únicamente, que el Nombre del Señor Jesucristo sea exaltado en nuestros ministerios, como El lo merece.

El Autor

California, Mayo 18, 2015

SERIE MINISTERIO

CAPÍTULO UNO:

EL LLAMAMIENTO

"¿Quién subirá al monte de Jehová?
¿Y quién estará en el lugar santo? El limpio de manos y puro de corazón..."
Salmo 24:3-4

I. AFIRMÉMONOS EN EL TRABAJO EN LA VIÑA DEL SEÑOR:

A. INTRODUCCIÓN: (MAT. 8:18-22; LUC. 9:57-62; 18:18-30)

Si leemos con detenimiento los Evangelios, notaremos que el Señor Jesucristo no aceptó que le siguiesen y le sirviesen aquellos que ofrecieron hacerlo por sí solos; recordamos, por ejemplo, al joven rico: Cuán desilusionado se fue cuando el Señor Jesucristo lo puso sobre la balanza de lo que cuesta servirle; tanto, que los discípulos respondieron:

---"¿Quien pues podrá ser salvo?... Nosotros hemos dejado nuestras posesiones y te hemos seguido".

--- Él les dijo: "De cierto, de cierto os digo, que no hay nadie que haya dejado casa, o padres, o hermanos, o mujer o hijos por el reino de Dios (evangelio), que no haya de recibir mucho más en este tiempo, y en el siglo venidero la vida eterna" (Mat. 19:16-30).

Otra pregunta: ¿Porqué no reaccionó Saqueo en la misma forma que el joven rico? sino que al escuchar la preciosa voz del Señor "...Descendió aprisa...le recibió gozoso..." Luego: "...Puesto en pie dijo al Señor: he aquí, Señor, la mitad de mis bienes doy a los pobres; y si en algo he defraudado a alguno, se lo devuelvo cuadruplicado" (Luc. 19:1-10).

La gran diferencia se debe a que el Señor Jesús en Su omnisciencia, anticipadamente conoce el corazón, y sabe quiénes están en disposición incondicional de aceptar servirle, de ser pasados por el filtro y resistir el fuego de la prueba más dura. Ninguno mejor tenemos que a Abraham, el Padre de la fe, para atestiguar lo que esto significa. Porque el llamamiento es tan real como las mismas palabras que expresó a sus doce discípulos, el Señor Jesucristo según el evangelio de Juan 15:15:

"No me elegisteis vosotros a mí,
sino que yo os elegí a vosotros..."

1. Aplicación Personal.
Amado lector, piensa en esta verdad aplicada a tu ministerio: ¿Eres *elegido* o simplemente voluntario del momento? No hay soldado que pueda pertenecer a un ejército por su propia cuenta sin llenar los requisitos; los demás le llamarían loco si no portase las insignias y el uniforme que lo identifiquen como miembro de un ejército reconocido. El uniforme e insignias las debe portar sólo el soldado que ha sido debidamente enrolado en un ejército; y nosotros estamos en el poderoso ejército de Cristo formado por los lavados y comprados con el precio de su sangre.

a. El llamado a los ministerios de enseñar y predicar la palabra de Dios, está ejemplificado en el llamamiento que hizo Jesús al inicio de Su ministerio a hombres comunes, ocupados en sus tareas diarias; unos pescando, otros en las barcas, otros en la mesa de los tributos; en fin, en sus quehaceres seculares. Tal llamamiento habrá de resonar en la eternidad, no sólo para ellos, sino también para cada uno de los que hemos oído y obedecido al llamado de Cristo para trabajar en su mies. Este fue su dulce y sencillo llamamiento, que sigue haciendo eco en cada corazón que lo acepta como su Redentor: *"venid en pos de mí y os haré* **pescadores de hombres***"* Lucas 5:10.

b. No fue voz retumbante ni ostentosa, sino íntima. Voz dulce, tierna, pero firme y con autoridad. Esa voz que sale de nuestro interior, la hemos sentido – más que escuchado con nuestros oídos – todos los que hemos abrazado algún ministerio de servicio en la obra de Cristo Jesús. No fuimos nosotros quienes escogimos hacerlo (porque Dios sabe cuán inútiles e ineptos nos hemos sentido solo de pensar que pudiésemos disfrutar del privilegio de ser siervos suyos en su viña santa y preciosa), sino que él nos eligió a nosotros. Y desde entonces, cada día, a través de su Espíritu nos imparte la seguridad de su llamamiento. Seguimos en esta senda; porque nos habla a través de Su Palabra: *"Tú pues, sufre penalidades como buen soldado de Jesucristo"*, y eso somos, soldados, dispuestos a sufrir por su causa (2ª. Timoteo 2:3).

B. NUESTRA RESPUESTA AL LLAMADO.

Ser un soldado de Jesucristo y sufrir penalidades por Él, debe ser lo más grandioso y sublime de nuestra vida. Sin embargo, muchos ministros o miembros del rebaño, viven esperando tener una vida de paz, abundancia y tranquilidad; sin ver que tenemos que ser probados como el oro en el fuego; que para que podamos crecer como el atleta en el gimnasio, cada día debe aumentar cargas más pesadas, ejercicios más extenuantes, destrezas más exigentes para alcanzar una excelencia física. Dios también nos prepara así en el gimnasio espiritual en el ejercicio de la oración, ayuno, preparación y estudio de su Palabra, para las fuertes luchas que se nos presentan en la práctica de nuestro ministerio y que cada vez son más difíciles y pesadas.

> *Ninguno que milita se enreda en los*
> *negocios de la vida, a fin de agradar a*
> *aquel que lo tomó por soldado.*
> 2ª. Tim. 2:4

El llamamiento es demasiado trascendental para permitirnos tener enredos que ocupen nuestra mente y que absorban nuestras energías y nuestras intenciones. Por el contrarió, nuestra vida completa debe estar siempre <u>enfocada</u> para agradar a Aquel que nos tomó por soldados. En los tiempos de San Pablo, cuando envió este consejo a Timoteo, su hijo espiritual, el soldado no tenía ningún derecho sobre su propia vida, sino aquel que lo había empleado o tomado para servir en su ejército.

1. El Compromiso.

A menudo observamos vidas de algunos ministros fracasados que no lograron comprender que el llamamiento al ministerio de Cristo Jesús y Su Evangelio no puede estar mezclado con otros intereses que quieran competir con nuestra vida ministerial. Nadie puede servir a dos señores. Los que insisten en ello, al cabo de un tiempo los encontraremos fracasados, envueltos nuevamente en los negocios de la vida: en los negocios de las diversiones, en los negocios de los negocios mismos, para alcanzar una vida más cómoda o acumular riquezas, olvidando la palabra que dice:

> *"Si alguno viene a mí, y no aborrece a su padre, y madre,*
> *y mujer, e hijos, y hermanos, y hermanas, y aun también*
> *su propia vida, no puede ser mi discípulo*[1]*. ...*
> *("discípulo" en griego es matetes = escolar)*
> *Cualquiera de vosotros que no renuncia a todo lo que*
> *posee, no puede ser mi discípulo."*
> Lucas 14:26-33

2. Señales de nuestro llamamiento.

Muchos se preguntan si es posible tener la certeza de nuestro llamamiento al ministerio, pues piensan que éste es intangible o etéreo, y con frecuencia, sin considerarlo bien, se entregan eufóricos a un ministerio que no ha tenido la confirmación del Espíritu Santo. Pero con frecuencia también, es el otro extremo el que se experimenta; es decir, en nuestro hombre interior hay ese gran deseo de servir al Señor porque Él nos ha hecho patente su amor y hay gratitud en nuestro corazón, pero esperamos escuchar <u>la voz de Dios audible,</u> o tener una visión o éxtasis o sueño revelador que nos indique que Dios nos está llamando.

---

[1] "discípulo" en griego es matetes = escolar

Ambas circunstancias son equivocadas. Pero decimos o pensamos que si así lo hizo el Señor con Abraham, con Moisés y con el apóstol Pablo así debe ser con nosotros. Pero esa no es la única forma en que Dios llama; Él puede presentarnos infinidad de señales –y muy variadas-- cuando prestamos oídos para oír la voz del Espíritu Santo. ¿Pero, entonces existen señales que debemos detectar para nuestra seguridad? Claro que sí, muchísimas. Y pienso que estas diez deben considerarse seriamente como frecuentes:

a. Al ser salvos de nuestra vana manera de vivir, experimentamos un acentuado gusto por escudriñar las Sagradas Escrituras; pero también nos damos cuenta de que necesitamos alguna otra preparación que nos permita comprenderlas mejor, pues queremos compartir la Palabra con otros que no la conocen.

b. Al momento de bautizarnos, o poco después, a veces sentimos una seguridad tan profunda de pertenecer a Cristo, que somos movidos a querer ser útiles en las cosas de Dios en nuestra congregación. Ese es el momento de hacerlo patente y platicar con nuestro pastor.

c. De manera similar, salvos nosotros, anhelamos compartir el mensaje de salvación con amigos y parientes a quienes queremos ver igualmente felices y salvos como nosotros.

d. Otras veces, un profundo deseo de servir a Dios "en lo que sea" nos invade, y a la misma vez un sentimiento de inseguridad o de no ser digno o capaz de hacerlo, también. Este es el momento en que debemos recurrir a algún siervo de Dios después de haber orado al Señor, para un consejo.

e. Nos sentimos dispuesto a sacrificar sueño o descanso para dedicarlo a las cosas de Dios, como asistir a estudios bíblicos o guardias de oración; o ayudar a proyectos de trabajo en la iglesia, ensayos de coro o instrumentos; o ayudar en trabajo manuales, cuando el pastor o algún otro de nuestros líderes lo solicita, es que el Espíritu nos está moviendo al servicio, especialmente cundo otros lo evaden.

f. Sentir un gozo y celo por la "Casa de Dios". Física y espiritualmente, hallamos en ella placer y paz, y nos preocupa ver que en ella haya limpieza, orden y reverencia.

g. Experimentar un gozo especial en la presencia de Dios, el cual cada vez se hace más patente en el altar de la oración. Dios le está preparando para algo; tal vez una unción especial del Espíritu esté por llegar. Insista en ello.

h. Sentir un creciente cariño y respeto por nuestros "siervos de Dios" y querer manifestarlo. Esto es un mandato de Dios. Ore siempre por él y cuando tenga oportunidad, expréseselo. El Señor le indicara cómo.

i. Haber recibido "La Promesa". Esta es quizá la más confiable de las señales que el Señor nos da para saber que Él tiene un lugar para nosotros en su Obra, pues conforme a la Palabra, dice, "recibiréis poder cuando haya venido sobre vosotros el Espíritu Santo y me seréis testigos...". Esto nos ha sido dado para que testifiquemos con poder y para que se nos concedan los dones con los que se definirá nuestro ministerio. Pero esto, definitivamente, es *poder de lo alto* para servir en la viña del Señor en algún ministerio, que le será revelado y esclarecido.

j. Una frecuente visitación del Espíritu, bien durante las horas de trabajo o en otros momento inesperados; de noche o de día, es indicativo de que el Señor le busca para bendecirle y que usted trabaje en su Obra.

Cuando todas o algunas de estas señales se nos han presentado, debemos empezar a pedirle a nuestro Salvador que nos confirme y nos aclare su llamamiento y, para obtener la respuesta, esforzarnos en nuestra vida de oración y de santidad; seguramente pronto Él será fiel para hacernos sentir esa confirmación en alguna predicación o lectura de su Palabra, o en alguna conversación o experiencia o, tal vez de viva voz. En fin, como Él quiera. Será mejor responder a tiempo, que lamentar después no haberlo hecho, o ser llamado en forma severa. Pero, recuerde, Satanás también estará presente para poner duda.

Una última y sencilla recomendación, sin embargo, de mucha utilidad para afirmarnos mejor. Cualquiera de estas señales que experimente, no las tome a la ligera; consúltelas o comuníqueselas a algún pastor o líder de la iglesia; a su cónyuge o a un hermano en Cristo y pida una opinión. Pero tenga fe en que el que lo llamó de las tinieblas a su luz admirable le ama, y quiere darle un lugar para trabajar en su viña, porque El dijo:

> *"Pedid, y se os dará; buscad, y hallareis; llamad y se os abrirá. Porque todo aquel que pide, recibe; y el que busca, halla; y al que llama, se le abrirá."*

> *"Pues, si vosotros, siendo malos, sabéis dar buenas dadivas a vuestros hijos, ¿cuánto más vuestro Padre que está en los cielos dará buenas cosas a los que le piden? (Mateo 7:7-8, 11)*

C. HABLEMOS DEL LIDERAZGO.

Ministrar en la viña de nuestro Señor es ser un *líder u 'oikonomo'* = *administrador* o servidor en su Reino en la tierra: La Iglesia.

Entendamos como liderazgo, nuestra responsabilidad de dirigente en un trabajo que Dios nos ha asignado a través de nuestro pastor. Este puede ser, desde ser ayuda ministerial, en un diaconado, en una directiva, o alguna comisión, etc. Pero también puede ser el inicio, para finalmente desarrollar un ministerio pastoral al frente de una congregación. Cualquiera que sea el caso, esto implica ejercer un **liderazgo**, según nuestras capacidades humanas y espirituales, pero siendo guiados por el Espíritu Santo y sus carismas que nos sean dados. Ningún liderazgo dentro de la Iglesia debe ser escogido en forma personal, sino designado por Dios; El nos conoce mejor que nosotros a nosotros mismos.

1. Seis Acciones de Liderazgo.

A este respecto sólo explicaremos 6 acciones del liderazgo ministerial a saber:

a. Servir;
b. Administrar;
c. Planear;
d. Alcanzar metas;
e. Someterse al Espíritu Santo;
f. Ser ejemplo de servicio a los santos.

Servir: (Leer Luc. 22:24-28). - Desde el principio, con sus discípulos, el Señor nos enseña el tipo de liderazgo que han de ejercer los que sirven en su Reino aquí en la tierra, que es la Iglesia. En su ejemplo, el Divino Maestro enseña que el mismo Hijo del Hombre no vino para *"ser servido, sino para servir y dar su vida en rescate"* por los hombres. Enseñó que los hombres en el mundo se enseñorean de sus pequeños o grandes reinos y tienen súbditos que les sirven'; pero el líder que el Señor llama a trabajar en su Reino, será, por el contrario, *un servidor, un siervo, y además, el más pequeño de los demás, siguiendo el ejemplo del Señor Jesús.*

Este nuevo concepto de servir ¿no sugiere que no nos esforcemos por desarrollar nuestro ministerio? No, cada quien, según el don que recibió en la Gracia debe desarrollarlo; porque de acuerdo con la parábola de los talentos, un día habremos de dar cuenta del crecimiento de nuestro ministerio en su viña. El Señor de la hacienda que nos llamó a trabajar en ella como mayordomos, nos pedirá dar cuenta de ello

En primer lugar, el Señor sugiere que nuestro desempeño sea trabajando con un corazón agradecido por el privilegio de participar en el crecimiento de Su Obra en la tierra, trabajando hombro con hombro. Segundo, que lo hagamos con esmero, aplicando nuestro mejor y máximo esfuerzo; y, tercero, que lo hagamos con alegría y sencillez de corazón, sin presunciones; así, algún día escuchar a nuestro Rey decir: "Buen siervo y fiel, en lo poco has sido fiel, en lo mucho te pondré..."

Administrar: (Leer Lucas 19:11-27).- No obstante, en el buen sentido del término, el líder en la Iglesia debe ser uno que administra los bienes de su Señor, el cual se ha ido, y al que un día tendrá que dar cuentas de la multiplicación de los bienes que su amo le dejó para administrar. Visto así, el líder es *un diestro administrador o mayordomo* (del griego: *oikonomo*), según la parábola de las diez minas. Trabajar dentro de la Iglesia y en cada fase del trabajo, pequeña o grande, Dios espera que todo se haga decentemente y en orden; y que prospere, porque El ha dado a sus servidores *los dones espirituales* y recursos necesarios para el éxito de su obra. Aquí debe considerarse la importancia que debe tener para el líder cristiano, el ser bautizado con el Espíritu Santo.

Planear: (Leer Lucas 14:28-33).- En esta preciosa enseñanza del Señor a sus discípulos nos presenta otro aspecto del líder cristiano, *El Calculista*. El Señor hace mucho énfasis en que tanto en los negocios más sencillos; por ejemplo, levantar una torre; como en las grandes y complicadas empresas, tales como conducir una guerra, se hace necesario poner en práctica el arte de la *Planeación*. Aquí se inicia la necesidad de buscar en oración los dones que nos guiarán para que en lo que planeemos se vea el crecimiento, en la comunión con el Altísimo.

Alcanzar metas y objetivos (Leer Filipenses 3:12-16; 1º Crónicas 26).- La naturaleza misma de la Planeación implica fijar metas y objetivos; lo que significa: indicar *a donde quiero llevar mi consignado trabajo con mis planes; cuándo, cómo y dónde*. Toda planificación debe hacerse fijando objetivos a corto, mediano y largo plazo. Si usted tiene a su cargo algún grupo, comisión o directiva; o algún proyecto que le asigne su congregación; usted deberá juntar a su grupo y analizar:

a. Necesidades que tiene el grupo, así como los recursos con que cuenta, sean estos materiales, económicos, técnicos, espirituales o humanos que requiera el planteamiento de cada necesidad.

b. Planear en conjunto con su grupo o directiva, cómo utilizar los recursos existentes para resolver las necesidades según la urgencia de cada una.

c. Enseguida, proponer tácticas que ayudarán a alcanzar el objetivo dividiendo éste en varias etapas que llamaremos metas. Estas metas nos servirán para medir el progreso del objetivo propuesto e irlo modificando según sea necesario. Todo el proceso de Planeación, en la practica en general, se divide en varias partes:

Primero, las juntas con sus colaboradores para desarrollar el Plan o Proyecto.

Segundo, dividir el proyecto en varios segmentos, quizá llamadas comisiones; repartir el trabajo entre los miembros del grupo, con instrucciones especificas, para que podamos checar el éxito de cada parte del rompecabezas. Que todos entiendan perfectamente en qué consiste su trabajo y la importancia de que todas sus partes se ejecuten bien.

Tercero, pedir a cada encargado de su segmento, estudiarlo y presentar por escrito un "anteproyecto" de cómo lo va a desarrollar, y asignarle una fecha de correteo (para checar su progreso) y una fecha de entrega.

Cuarto, es su trabajo como líder: el estar monitoreando (chequeando) el progreso de cada parte asignada por medio de juntas periódicas; ver cuando y como se van presentando algunas fallas o problemas, ante los que (quizá) haya que mejorar o modificar los planes originales. Antes de terminado el proyecto, usted debe reunirse con sus colaboradores para reintegrar las partes de éste, y ver cómo y cuando se dará por terminado el proyecto, o si hay que modificarlo y *volver a empezar*. Nunca se desanime porque un proyecto no muestra el éxito que se anticipaba. ¡Vuelva al ataque!

Someterse al Espíritu Santo (Leer Juan 14:26; 14:12).- El Espíritu Santo fue enviado a la Iglesia en Pentecostés para tomar el lugar de Cristo y estar por Él como la cabeza de la Iglesia (Juan 14:16-17). El Señor le ha encomendado a este, nuestro *paracleto* o socio comanditario en la obra de Cristo, (Juan 16:13-15) encargarse de que en ella no falte ningún elemento material o espiritual, sino que todo lo que pidamos en el Nombre de Jesús le sea concedido a su Iglesia (Juan 15:15-16; 5:6). El Espíritu Santo está al cuidado de la Iglesia como si fuera Cristo mismo.

Bajo la dirección del Espíritu, el éxito de la obra encomendada a cada líder está asegurado. Esta seguridad únicamente se obtiene en sujeción al gobierno del Espíritu Santo, y se logrará teniendo una vida apartada del pecado, en ayuno y constante oración para que, de este modo, estemos siempre seguros de saber cual sea la voluntad de Dios, agradable y perfecta. (Rom. 12:1-2).

Ser ejemplo de servicio. (Leer Juan 13:1-7).- La palabra **líder** está tomada del inglés *to lead*, verbo que quiere decir, ir adelante, o mostrar el camino, guiar. El término aplicado a los ministerios cristianos, significa tomar el lugar del Divino Maestro, Cristo Jesús y, ungido con el mismo Espíritu con que El fue ungido, según Isaías 61:1, seguir Su ejemplo en el trabajo que El nos ha asignado, como a Él se lo asignó su Padre. Debemos amar a los que conforman nuestro grupo de trabajo; tales como instructores ayudas pastorales o directivos; preocuparnos por sus necesidades, y ser para ellos un ejemplo de carácter, fidelidad y fe, como lo fue el Divino Maestro a sus discípulos.

D. LIDERAZGO EN ACCIÓN

El asumir un Liderazgo Pastoral de diaconado o de Ayuda Ministerial es tarea difícil; pero debemos entenderlo como le fue dicho a Josué "...no temas ni desmayes porque *Jehová tu Dios estará contigo* en dondequiera que vayas." (Josué 1:9). Así debemos actuar. El liderazgo en la Iglesia de Cristo, exigirá ejercer su función de Líder aplicando su propio estilo de mando; pero recuerde, en la teocracia no es el líder el que 'manda'. El Espíritu es el que manda; esté siempre atento a su voz, y obedézcala.

1. Que es ser líder.
Recordemos que un líder es uno que trabaja con un equipo de colaboradores, sobre los cuales ejerce su acción de dirigente; ellos son su punto de apoyo o las ruedas que van moviendo su ministerio en la dirección que él le imparte, según su estilo de mando y la visión que Dios le da. De los tipos o estilos de mando, los más comunes son:

- Indirecto o flexible = permite la acción y participación voluntaria de cada colaborador. El líder planea, pero permite opiniones, y consulta con su equipo antes de desarrollar un proyecto y echarlo a andar.

- Democrático = donde predomina la opinión mayoritaria. El permite la participación de todo su equipo en la planeación de sus proyectos

- Directo = el líder es el centro de la administración. Generalmente el líder es quien planea y después comunica a su grupo lo que se va a hacer y designa a cada miembro el trabajo de acuerdo con su propio criterio.

El pastor o encargado de una misión, directivo o instructor de Escuela Dominical, encontrará necesario saber utilizar su prerrogativa como líder, estudiando los principios básicos de la Administración. Existen libros sobre administración y liderazgo donde encuentra la descripción de estos y otros estilos de mando usados en el mundo. Si usted ya ha asumido esta responsabilidad antes, quizá, sin saberlo, ya practica uno de ellos. Pero sirviendo en la Viña del Señor Jesucristo existe otro tipo de estilo de mando, como lo dijo el Señor a sus discípulos:

"Hubo también entre ellos una disputa sobre quién de ellos sería el mayor. Pero el les dijo: Los reyes de las naciones se enseñorean de ellas, y los que sobre ellas tienen autoridad son llamados bienhechores; <u>mas no así entre vosotros, sino sea el mayor entre vosotros como el más joven, y el que dirige, como el que sirve."</u> Lucas 22:24-26.

Así que, obedeciendo estas instrucciones del Señor Jesús, guardemos en nuestra mente esta regla de liderazgo en primer lugar, siempre, en toda nuestra actuación como líder en nuestro ministerio.

2. Toma de Decisiones en el Ministerio.
Pero sea cual fuere su estilo de "mando", recuerde que nuestro gobierno es antes que nada, <u>Teocrático</u>. El Señor Jesucristo no dejó a su Iglesia en las manos de un ser humano, sino que designó al Espíritu Santo como su representante *plenipotenciario*[2] en la tierra. Por lo tanto, el Espíritu debe de sancionar, es decir, aprobar, todas las decisiones que tome como líder en su congregación (También leer 1ª. Corintios 3:5).

3. Pasos de la Planeación.
Tomar decisiones implica, esencialmente, *analizar, planear, delegar y supervisar*. Estas son las responsabilidades que todo líder debe desarrollar para tomar decisiones adecuadas. En resumen, para tomar decisiones, un pastor o líder cristiano, debe anteponer a toda planeación, la oración, pidiendo la guía del Espíritu, primero; luego, toda toma de decisiones seguirá una secuencia similar a esta:

ESQUEMA #1

Orar	Analizar y Planear:	Para planear: Analizar problemas; necesidades del grupo clase o congregación; determinar prioridades; utilizar recursos humanos, recursos materiales, recursos espirituales, etc.
Orar	Establecer metas, objetivos estrategias y	¿En dónde estamos o a donde hemos llegado? ¿En qué dirección debemos ir?

---

[2] *Con poder absoluto de tomar decisiones, como si fuera el Señor Jesucristo mismo.*

	tácticas	¿Qué opciones tenemos? ¿Qué recursos podemos usar?
Orar	**Tomar decisiones sobre el Plan:**	Planes a corto, mediano y largo plazo. Para el calendario anual; programas de trabajo en la enseñanza; desarrollo espiritual; programas financieros; etc.
Orar	Delegar:	Asignar el trabajo a cada grupo o elemento idóneo,
Orar	Controlar:	Monitorear cada persona, segmento o recurso en juego dentro del Plan. Controlar los segmentos de trabajo en su avance.
Orar	Evaluar:	Comparar contra objetivos y planeación.
Orar	Analizar:	En qué porcentaje se están cumpliendo los planes

3. Retroalimentación y Reciclaje.
Este proceso será un ciclo constante para cada parte del proyecto, de modo que los planes se vayan ajustando a la realidad mediante la retroalimentación que vaya aportando cada colaborador . En cada nivel de cada proyecto, hay que juntar a nuestros colaboradores, invitar al Espíritu en oración para que sancione (apruebe o desapruebe) lo logrado, y provea los elementos, e imparta nueva dirección cuando sea necesario. Desde el inicio del Plan, hasta el final, comunique a sus asociados <u>su entusiasmo sobre el plan</u> y junto con ellos de gracias a Dios por su éxito. El control de lo que se ha delegado es de suma importancia para el logro de los planes.

Finalmente, ponga por escrito sus planes; llévelos al altar y pídale a Dios los apruebe o le indique cualquier cambio. Pero no tarde en elaborarlos y ponerlos en práctica, pues el Señor quiere saber lo que usted pretende alcanzar, para bendecirlo.

EJERCICIOS DE REPASO – CAPÍTULO 1

1. Relee el verso de Juan 15:16 y explica, a) lo que crees que el Señor les estaba diciendo a sus discípulos y por qué; y b) lo que esto significa para ti en tu llamamiento.

2. Explica por qué reconocemos que Abram sea el ejemplo perfecto del que es llamado para ministrar en la Viña del Señor.

3. Explica 3 propósitos que mueven al Señor para decir "...venid a mí y os haré pescadores de hombres".

4. ¿Qué relación encuentras entre 2ª. Tim. 2:3-4 y la calidad de llamamiento al que el Señor nos escoge a trabajar para Él?

5. En una breve oración sintetiza lo que el Señor Jesús enseñó con el texto de Luc. 14:26 y 33.

6. De la lista de posibles señales que recibimos de ser candidatos a un llamamiento (p. 13), escoge 3 o más que tu hayas experimentado y escribe una conclusión para ti.

7. Enlista las 6 acciones de liderazgo (pagina 13) palabra por palabra, y da una breve explicación de lo que cada una significa.

8. En la sección C. HABLEMOS DE LIDERAZGO, en el punto #1, se enlistan 2 acciones mas del Liderazgo. Utilizando los 6 pasos para desarrollar un proyecto en la parte de *Alcanzar Metas y Objetivos* (p.13), hágase la siguiente Práctica:

PROBLEMA: La Iglesia sufrió recientemente un robo. Se necesita reponer el sistema de sonido con tres micrófonos; una pantalla para proyección; un cañón para proyección y una laptop; además, un teclado de buena calidad.

SOLUCIÓN FACTIBLE: Hacer proyecto(s) para levantar fondos para la compra de estos elementos que urgen. Se propone nombrar una Comisión que se encargue de desarrollar el proyecto, constituida por una Mesa Directiva y 3 Vocales, para presentar un presupuesto y hacer la compra e instalación.

(Nota: Ver la Sección "Anexo" en la siguiente página que contiene el formulario "ANTEPROYECTO" para usarse en la planeación de un proyecto).

CAPITULO DOS:
LA ÉTICA EN EL MUNDO

"Todas las cosas me son licitas, mas no todas convienen…"

I. QUÉ ENTENDEMOS POR ÉTICA Y CÓMO SE DESARROLLÓ.

A. INTRODUCCIÓN

Al iniciar este tema sobre la Ética humana, estarás aprendiendo, entre otras cosas, cuales son los patrones de pensamiento del mundo respecto de juzgar la vida en sus dos caras: el bien y el mal. Muchos patrones te parecerán lógicos o, quizá algunos, nobles y atractivos para comprender cómo se conduce el mundo moralmente. Debes, desde un principio, mantener tu mente centrada en la Palabra de Dios, la cual nos aconseja:

"Todas las cosas me son licitas, mas no todas convienen; todas las cosas me son licitas, mas yo no me dejare dominar de ninguna."
1ª. Cor. 6:12.

1. Razón de la Ética.

Desde tiempo inmemorial, el hombre ha tenido que tomar decisiones y determinarse para discernir objetivamente lo bueno y lo malo. Para medir estos elementos morales (lo bueno de lo malo) se requiere de una serie de patrones, normas o reglas que han sido establecidas a través de la tradición en el entorno social en que se desenvuelven las actividades. Es esta tradición o costumbrismo la que determina en el ser humano los criterios que, en uso de su libre albedrío, le permite tomar decisiones.

2. Normas y criterios.

El desarrollo de las sociedades y los innumerables aspectos de la actividad humana dentro de ellos, han obligado a los variados grupos y subgrupos a ir estableciendo <u>normas</u> y <u>criterios</u> para cada una de las áreas del comportamiento. Por ejemplo, será un mejor ciudadano el que conozca mejor las reglas, normas y leyes con que se rige la ciudadanía de su localidad, pues con ellas se establece la responsabilidad para actuar bien o mal.

Luego, las reglas de acción o <u>criterios</u> establecen su marco de actuación a partir de las actividades, costumbres y tradiciones, para con ellos juzgar las acciones de moral buenas o malas. También, la característica de una persona que piensa, siente y quiere, es el tomar decisiones; es decir, piensa, percibe y analiza, juzga situaciones, casos y cosas, para luego según sus sentimientos determinarse a tomar una decisión que según su sentir constituye la más adecuada. Los criterios establecidos son los parámetros que nos sirven como instrumentos de medición para juzgar y tomar decisiones. He ahí la importancia de la ética.

3. Ética.

De este modo, el comportamiento humano que tiene que ver con el tomar buenas o malas decisiones relacionadas con lo moral, lo llamamos *Ética*. Ética social, profesional, ocupacional, de trabajo, etc.; en fin, de las actividades o de cada actividad importante en la vida.

Las reglas del Código Ético Humano, son y han sido siempre relativos y cambiantes: Lo que en una región es permitido, en otra es prohibido; lo que en un país constituye una violación de principios; en otro, es una forma pura y natural de vida. Lo que ayer era prohibido hoy es normal y hasta bueno; y lo que era oprobio o razón de rechazo es hoy virtud. No solo cada región o país tiene sus propios puntos sobre los cuales descansa su Ética; también en cada lugar, en cada forma de vida, el individuo requiere desenvolverse dentro de la sociedad en cada uno de sus tipos de ocupación, para vivir de una manera aceptable y aprobada por su sociedad.

No así la ley de Dios que es perfecta y eterna, como el que la legisla es Perfecto y Eterno. Veamos como lo explica el salmo 19:7-9:

"La ley de Jehová es perfecta, que convierte el alma; El testimonio de Jehová es fiel, que hace sabio al sencillo. Los mandamientos de Jehová son rectos, que alegran el corazón; El precepto de Jehová es puro, que alumbra los ojos. El temor de Jehová es limpio, que permanece para siempre; Los juicios de Jehová son verdad, todos justos."

EJERCICIO:

1. Con tus propias palabras, *explica* lo que entiendes que es la Ética; luego da tu propia *definición*.

2. La característica central de una persona normal es que debe tomar decisiones, porque es el reflejo de su _____.

3. Las reglas de ética en el mundo son _____ y _____; por ejemplo (*completar*):

II. APLICACIONES PRÁCTICAS DE LA ÉTICA EN EL MUNDO.

A. DEFINICIONES

Fuente: Diccionario Pequeño Larousse.

1. Ética: Parte de la filosofía que trata de la moral y de las obligaciones del hombre (del gr. *Ethikon*).

2. Criterio: Regla para conocer la verdad. Juicio, discernimiento.

El ***Diccionario Heritage Illustrated,*** nos da una definición más amplia:

Ética: (Traducción) 'El estudio de la naturaleza general de la moral y de las decisiones morales que debe tomar cada individuo en su relación con los demás. Llamada también *filosofía moral*. Las reglas y normas que gobiernan la conducta de los miembros de una profesión'.

Por desgracia para todos los ámbitos de la actividad humana es imposible establecer valores reales o absolutos de la ética. Todos sin excepción, son relativos y cambiantes. En las leyes de los hombres es lo mismo: éstas deben de ser periódicamente modificadas, rectificas y ratificadas, para tener vigencia. Ninguna ley ni las reglas de la conducta humana, tienen vigencia permanente.

B. APLICACIÓN DE LA ÉTICA.

Por eso, la palabra ética ha sido tomada del griego ethos que quiere decir: "costumbre". Conforme cambian las costumbres, la ética tiene que cambiar. En virtud de que la ética también se define como la *ciencia práctica y normativa que estudia racionalmente la bondad y la maldad de los actos humanos,* solo los actos voluntarios son importantes, pues los involuntarios son amorales (ni buenos ni malos) y, por lo tanto, no son objeto de análisis ético o de juicio.

Pero los actos humanos sólo son dignos de atención cuando se manifiestan dentro de la convivencia colectiva con nuestros congéneres. La ética es una ciencia normativa y, por lo tanto, cumple su función al aplicarse a la conducta de los individuos en sus relaciones interpersonales.

1. Ética vs. Ley.

La Ética tiene un común denominador con el Derecho (leyes), en que ambas son ciencias normativas. Que tienen por objeto el estudio de los actos humanos expresados a través de normas, unas jurídicas u otras morales. No obstante, se distinguen entre sí, en que el derecho es externo y su principal característica es ser coercitiva (coercer = reprimir, restringir); en tanto que la ética es <u>interna</u>, autónoma, y la obediencia a ella depende de la <u>voluntad</u> del sujeto.

En el Derecho, las normas jurídicas han de ser obedecidas por los sujetos a quienes se aplican, las acepten o no, y su fuerza es independiente del valor moral que se les reconozca. En cambio, en la Ética, aunque el sujeto no las acate, en principio él debe reconocer que las normas establecidas serán siempre <u>moralmente</u> buenas. De este modo, en ética y criterio, lo que para unos es prohibitivo o escandaloso, para otros es la manera más sana y natural de vida.

2. Ética y Criterio.

Finalmente, hay que hacer notar que el Criterio y la Ética son afines, en que ciertos grupos de la sociedad, como médicos, ingenieros, abogados y todas las demás ramas de trabajo, para protegerse, van adquiriendo una <u>forma de ser</u>, un <u>criterio</u>, una <u>cultura</u>; en esencia, una Ética, la cual se ajusta y se modifica para irse conformando con la evolución de la sociedad en sus avances tecnológicos, científicos, culturales y costumbristas, así estableciendo <u>criterios</u>.

La Ética deja el acatamiento de las normas o su desobediencia a ellas a la voluntad del sujeto. La persona que obedece las normas morales, en principio, tendrá que aceptarlas como buenas para la mayoría; por eso mismo, las normas establecidas por la ética humana serán siempre moralmente buenas, como dijimos anteriormente.

EJERCICIO:

1. La ética del mundo es muy cambiante porque está basada en: (completar)

2. ¿Por qué es cambiante la ética humana?

3. ¿Por qué solo los actos voluntarios son importantes en la ética?

4. ¿Por qué decimos que la ética es una ciencia normativa?

5. Explica como se desarrolla una <u>cultura.</u>

6. EJERCICIO: a).<u>Subraya</u> los términos afines; b) <u>circula</u> los términos no afines: coercitivo y voluntario; criterio y ética; jurídico y moral; interna y cultura; cultura y criterio.

III. DOS CORRIENTES DE LA ÉTICA.

A. LA ÉTICA COMO FILOSOFÍA.

La importancia de la Ética como estudio, está en encontrar que ella se desprende de la experiencia y razonamiento humanos, como un anhelo interno que el hombre muestra al reconocer intrínsecamente[3] la existencia de lo bueno y lo malo y su necesidad de escoger lo que le es mejor. Tristemente sabemos que esto el hombre no lo podrá entender ni lograr, sino hasta entrar en el Reino de Cristo de nuevo, naciendo de nuevo en el Espíritu. Sin embargo, en el ámbito humano reconoceremos en ello dos fuerzas o corrientes.

Primero: Dentro del orden natural, se encontrará cierto valor de la Ética humana, porque ella se deriva del orden natural de las cosas[4]. Un naturalismo teológico nos llevaría a afirmar que el fundamento último de la ética es la Divinidad. (Romanos 1:19-20).

Segundo: La tendencia racional, por el contrario, encontrará el fundamento de la ética en la razón humana. La ética vale porque el hombre ha establecido como se deben entender las cosas conforme a la razón, pues es el razonamiento o raciocinio lo que le permite establecer cuales conductas son buenas y cuales malas, rigiéndose por el criterio de su razón. Esta es la que impera en el mundo.

A fin de cuentas, ambas se compaginan y han encontrado eco en el pensamiento filosófico en cada época de la historia.

EJERCICIO: Recordando que se trata del pensamiento humano y no divino ¿Cuál corriente le parece a usted que sea más efectiva para la sociedad, y en qué época, hoy o ayer?

B. ÉTICA ANTIGUA SEGÚN LOS FILÓSOFOS.

1. Corriente Naturalista

Los que encuentran el fundamento de validez de las normas morales en el naturalismo, difícilmente podrán cuestionar tal fundamento de validez. Ellos sostienen que si la ética ha sido establecida por una voluntad superior a la del hombre, no se la puede cuestionar y deberán obedecerse los postulados morales que ella establezca. Los sujetos a los cuales están destinados, deberán obedecerlos, ya que el orden natural, al ser creado por una entidad superior, es perfecto; y la ética, al formar parte de ese orden superior es

---

[3] *De su propio valor.*

[4] *Nadie puede negar que en la esfera de lo natural se encuentra admirable belleza y armonía que nos conduce a pensar en la existencia de un principio de "causalidad" de su existencia.*

perfecta también. Así mismo, las normas morales derivadas de la ética no pueden o no debieran ser cuestionadas.

2. Corriente Racionalista.

Por otro lado, si la ética encuentra su fundamento de validez en la razón, las personas a las que se destinan las normas morales, pueden o no aceptar ciertos preceptos, si estos no coinciden con su forma de pensar.

EJERCICIO: Hacer una lista de grupos humanos que entran en cada corriente hoy en el mundo.

La Ética como ciencia normativa debe tener como finalidad establecer como obligatorias ciertas conductas. Dichas conductas establecidas deberán ser buenas, al menos, para las mayorías; es decir, que la forma de conducta que establezca la Ética requiere de una previa calificación por parte de los sujetos a los cuales se destina, siendo ellos quienes acepten o rechacen los criterios sobre los cuales se basan. Por ejemplo, la prohibición de privar de la vida a otra persona será considerada como buena conducta; en cambio, la desobediencia a esta conducta será estimada como mala. Otras áreas de la vida podrían ser el matrimonio; el aborto; la eutanasia, etc., etc.

C. MODELOS ANTIGUOS DE LA ÉTICA.

A través de la historia, las diferentes corrientes interpretativas del pensamiento humano que se han dado respecto a la ética, varían desde el idealismo platónico[5] hasta el existencialismo sartreriano[6]. La orientación que los pensadores han dado a la ética, podemos resumirla a grandes rasgos en los siguientes modelos:

---

[5] *El desarrollo del pensamiento filosófico de Platón(427-327 AC) fue de suma importancia universal, pues los filósofos griegos eran una combinación de matemáticos, científicos y místicos, que combinaban dichas formas de conocimiento con las supuestas funciones del alma y las ideas religiosas paganas, para así explicarse lo que es el ser viviente, el hombre. La filosofía platónica era científica, con bases matemáticas; pero también artística, porque la mente humana percibe la belleza, la bondad, la verdad y la justicia; y las ideas "universales" existen como "formas" o "arquetipos" que trascienden en el mundo. La "forma" suprema es el Bien, que para el platonismo, era un dios. En la Edad Media resurge el "neoplatonismo" que tuvo mucha influencia entre los Padres filosóficos de la Iglesia, entre otros, Clemente (c. 160-215) y Orígenes (c. 185-254) ambos de Alejandría. Estos y otros Padres, a través de la historia, ayudaron en la formación de las doctrinas básicas del cristianismo.*

[6] *Jean Paul Sartre (1905-1980), filósofo francés que, después de la II Guerra Mundial, se popularizó por sus novelas, ensayos y escritos, en los que pintaba al mundo como una prisión humana de ideales políticos y sociales impuestos en la vida del ser humano por imposición forzada. Aunque un admirador del Marxismo, proponía que para ser verdaderamente libre, el ser humano debía de rebelarse a dicha sociedad; que fue lo que se desarrolló entre la juventud: El existencialismo; es decir, un carácter de protesta contra el "establecimiento": es la rebeldía contra toda autoridad familiar, civil y sobre todo, social: TU ERES EL DUEÑO DE TI MISMO Y !YA!*

1. El modelo <u>idealista o espiritualista</u>, fundado por <u>Platón</u> concibe <u>dos mundos</u> completamente diferentes. El que nos rodea es un <u>mundo material</u>, las cosas aquí son sensibles, imperfectas, temporales, mutables. En cambio, el <u>mundo espiritual</u> tiene todas las características opuestas: allí están las ideas, que son perfectas, eternas, inteligibles, inmutables y existen en sí mismas. Las <u>ideas</u> son "modelos" de las cosas terrenales, constituyen los auténticos seres y valores, al grado de que estas cosas mundanas vienen a ser como una sombra o pálido reflejo de la correspondiente <u>idea</u>. En el hombre también existe ese dualismo. Su esencia reside en el alma, que es espiritual. El cuerpo donde se ha encarnado es como una cárcel para el alma, y debe tratar en todo caso, de purificarse de esa carga material y espiritualizarse lo más posible.

EJERCICIO: Lee los datos sobre Platón y su filosofía (pie de página 25) y contesta esta pregunta: Con este modo de pensar existente en el mundo, en los primeros siglos de la Iglesia ¿Qué influencia pudo tener en los Padres filosóficos para aplicarlo en el Credo de Nicea y sus doctrinas cristianas?

2. El modelo de <u>Aristóteles</u>[7] es <u>realista</u>, y su base recibe el nombre técnico de <u>hilomorfismo.</u> Para él, las ideas no existen en un mundo separado; sino que en todo caso, forman parte integrante de la naturaleza de cada cosa, y representan un elemento estructurador de la materia <u>llamado forma,</u> que es inmaterial, inteligible e inmutable.

En el hombre, <u>la materia es su cuerpo,</u> y <u>la forma es su alma</u>. La esencia del hombre no es sólo espiritual, sino una <u>síntesis</u> de materia con espíritu. Por tanto, el cuerpo <u>no es una cárcel</u> para el alma, sino <u>un constitutivo esencial,</u> sin el cual, el hombre no puede funcionar ni alcanzar su felicidad.

EJERCICIO:

1. Escribe una concepción tuya de los grupos humanos que reflejan el modo de pensamiento aristotélico.
2. Analiza el pensamiento sartreriano del siglo pasado y explica si crees que ha evolucionado para bien o para mal.

---

[7] *Aristóteles (384-322 a.C.) fue un genio del pensamiento griego: filosofo, moralista, lógico y hombre de ciencia. Su filosofía produjo transformaciones en el mundo griego sobre cómo ver la vida; el bien y el mal, así como los métodos de gobernar. Fue maestro y mentor del gran conquistador, Alejandro el Magno. Su referencia a "un primer motor" del mundo, parece indicar que su filosofía tenía una tendencia monoteísta, lo cual se refleja en su modelo filosófico realista. Como hombre de ciencia, fue matemático, físico y biólogo, con interés en coleccionar animales y plantas del mundo conquistador por Alejandro.*

CAPITULO TRES:
ÉTICA DE LA ENSEÑANZA BÍBLICA

"¡Oh, cuanto amo yo tu ley; todo el día es ella mi meditación". (Sal. 119:97)

I. ÉTICA Y CRITERIO MINISTERIAL BÍBLICO. JUAN 3:1-7.

A. INTRODUCCIÓN.

En otro apartado quedó establecido que la ética en el mundo es cambiante. Luego, el comportamiento de una persona que ha nacido espiritualmente por la obra de Nuestro Señor Jesucristo, no puede seguir los criterios morales del mundo, sino debe apartarse de ellos, buscando agradar al que lo sacó de las tinieblas a Su luz admirable; su código de ética ahora será acorde con la Palabra de Dios: La Biblia. Con base en Col. 1:12-13 que dice:

"...con gozo dando gracias al Padre que nos hizo aptos para participar de la herencia de los santos en luz; el cual nos ha librado de la potestad de las tinieblas, y trasladado al reino de su amado Hijo...".

B. CRITERIOS INMUTABLES, PERFECTOS Y ETERNOS

En contraste con el criterio cambiante del mundo, está el criterio de la Palabra de Dios, que admitimos fue dada a sus siervos (los escritores) directamente de la boca de Dios por su Espíritu. Si Dios es *perfecto y eterno*, entonces su Palabra lo es también y, en consecuencia, los criterios de Su Verdad son también perfectos y eternos. Los criterios del mundo tienen que sufrir ajustes y adaptaciones según los cambios de costumbre y de conducta moral, es decir, de cómo perciben las gentes el bien y el mal, debido a los impactos sociales, económicos, históricos y tecnológicos. No así los criterios divinos dados en Su Palabra, pues Él no solo es perfecto y eterno, sino también *inmutable*: El no cambia jamás.

Además, las palabras que salen de la boca de Dios tienen vida y poder por proceder de Dios, y pueden adquirir poder y vida en nosotros (griego *rema = viva y poderosa*) cuando las usamos por intervención del Espíritu Santo con autoridad, como lo dice en Heb. 4:18-19:

*"Porque no os habéis acercado al monte que se podía palpar, y que ardía en fuego, a la oscuridad, a las tinieblas y a la tempestad, al sonido de la trompeta, y a la voz que **hablaba** (rema = palabra de poder), la cual los que la oyeron rogaron que no se les hablase más..."*

También las promesas de la Biblia son poderosas si las usamos con fe:

Efe. 16:17 nos dice que usemos contra el diablo: *"...la espada del Espíritu que es la palabra de Dios."* (rema).

"Porque la palabra de Dios es viva y eficaz, y más cortante que toda espada de dos filos; y penetra hasta partir el alma y el espíritu, las coyunturas y los tuétanos, y discierne los pensamientos y las intenciones del corazón." Heb. 4:12.

EJERCICIO: Escribe 3 palabras que describen la superioridad de la Biblia como "criterio" sobre la ética del mundo.

1. ¿Qué es la Autoridad Bíblica? *(Leer Job 22:21-22).*
Es aquella que mediante un humilde sometimiento nos otorga el Espíritu Santo, para que al escudriñar la Palabra de Dios, podamos discernirla, para después exponerla con seguridad, de modo que el bendito Nombre de Jesucristo sea siempre alabado. En este apartado estamos interesados en considerar la autoridad bíblica tanto en la vida cristiana como en el ejercicio de nuestro ministerio.

2. ¿Cuáles son sus propósitos?
La Palabra de Dios es el legado o herencia divina (Testamento) que Dios ha dejado al hombre en general y a la Iglesia en particular, para:

a. Conocerle a Él y su buena voluntad hacia la humanidad. (Lucas 2:10-11; Isaías 9:6).

b. Otorgarnos la salvación de las cadenas del pecado y darnos Vida Eterna. (1ª. Pedro 1:18-19).

c. Reconciliar al hombre con Dios, teniendo como base la Obra del Calvario y el conocimiento y obediencia a los mandamientos, decretos, deseos y promesas de Dios, para que el ser humano pueda llegar a la semejanza de Cristo, obedeciendo sus criterios. (2ª. Corintios 5:18-19).

d. Renovar nuestra naturaleza caída mediante el nuevo nacimiento (la habitación del Espíritu Santo) y la regeneración, *"...siendo renacidos, no de simiente corruptible, sino incorruptible, por la palabra de Dios que vive y permanece para siempre."* (1ª. Pedro 1:23)

e. Obrar y hablar con la autoridad delegada por Dios a través del Espíritu Santo, acerca de la Obra de su Hijo Jesucristo, y lograr hacer nuevos discípulos suyos por medios de nuestros ministerios. (Marcos 16:17-18).

f. <u>Aplicar un criterio firme</u>, adecuado y sabio en Dios para todas las experiencias de la vida. (Leer Malaquías 2:1-7, cuya aplicación en el Nuevo Testamento se encuentra en 1ª. Pedro 2:9-10).

g. <u>Para obtener la necesaria fuerza y autoridad espiritual</u> a fin de que la Iglesia y los siervos de Dios puedan aplicarlas para repeler las armas y ataques del diablo, el enemigo de la Verdad (1ª. Pedro 4:11; 1ª. Timoteo 4:16).

3. ¿Cómo se ejerce la Autoridad Bíblica?

En el mundo existen variadas formas de autoridad: autoridad civil; autoridad militar; autoridad familiar, etc. Dentro de estos ámbitos en la vida de nuestra sociedad, se establecen <u>reglas, metas</u> (alcances) y criterios para establecer orden. También, dentro de las diferentes áreas de trabajo se establecen políticas y reglas y, más aun, <u>códigos</u> que permitan establecer una eficacia armónica entre los grupos de trabajo. Todas estas formas regulatorias de orden y disciplina, Dios ha permitido que se establezcan para bien del hombre no redimido.

Pero todo esto cambia cuando nosotros entramos al gobierno de la Gracia establecido por Cristo para su Iglesia en la tierra. En <u>Juan 14</u> el Señor dejó establecido cómo se ejercería la autoridad del Evangelio, ahí están <u>dos textos</u> claves sobre cómo aplicar la Palabra de Dios con autoridad del cielo: (vs. 23) "...El que me ama, mi palabra guardará; y mi Padre le amará, y vendremos a él, y haremos morada con él". Y en el verso 26: "Mas el Consolador, el Espíritu Santo, el cual el Padre enviará en mi nombre, Él os enseñará todas las cosas, y os recordará todo lo que os he dicho".

EJERCICIO: Escriba 4 o 5 palabras o frases que más adecuadamente describen la autoridad de la Palabra de Dios en la vida del que ministra enseñándola.

4. La firmeza del criterio bíblico.

Ciertamente, en el mundo son innumerables tanto las autoridades como los cambiantes criterios con los que se ejercen, y cada uno aplica su "estilo de mando". Todos ellos se derivan de las diferentes filosofías de hombres quizá bien intencionados, que han ayudado a desarrollar criterios para que el hombre sepa escoger lo bueno de lo malo, pero sobre todo, tomar decisiones de importancia. Pero para que un criterio sea firme, sin duda, debe estar basado en la Palabra de Dios. El Señor Jesucristo dijo en Marcos 13:31: *"El cielo y la tierra pasarán, pero mis palabras no pasarán"*. También Job dijo:

"Vuelve ahora en amistad con él, y tendrás paz; y por ello te vendrá bien. Toma ahora la ley de su boca, y pon sus palabras en tu corazón... <u>determinarás</u> asimismo

*una cosa, y te será firme, y sobre tus caminos
resplandecerá luz".*
Job. 22:21-22, 28.

C. LA ÉTICA DE ENSEÑAR LA PALABRA DE VERDAD

1. De Su boca y en tu corazón.
Es necesario que aquellos que sirven a Dios "tomen la ley de Su boca", y "pongan Sus palabras en su corazón", y establezcan sobre ellos los criterios o parámetros morales con los cuales juzgar; para que su "juicio pueda ser firme", y no vacilante; para que nuestro si sea "si" y nuestro no sea "no", sin fluctuar sobre lo que habremos de aconsejar y enseñar al pueblo de Dios; porque nuestra firmeza estará guiada por el Espíritu Santo y resplandecerá en la exposición de Su Palabra, para la gloria de nuestro Dios.

EJERCICIO: Escriba 3 tipos de criterios bíblicos que debemos seguir en la enseñanza de la Palabra de Dios.

2. Origen de errores doctrinales.
Hablemos de la Doctrina sana: Doctrina sana es aquellas enseñanza que nuestro Dios ha establecido por medio de su Palabra Santa, y que los santos siervos de Dios a través de los años han extractado; enseñanzas que son como bloques sólidos de los cimientos sobre los que descansa la vida y la fe de la Iglesia de Cristo, de modo que podamos discernirlas y enseñarlas al pueblo de Dios como una forma de vida del Reino de Dios en la tierra. Tristemente hoy existen muchos que siguen doctrinas erróneas; algunas sacadas de criterios bíblicos aislados, en los cuales fundamentan toda su doctrina. Otras, porque ante las evidencias de sus errores, se aferran a ellos solo por contumacia; y otros más, porque sus fundadores han regresado a herejías muy antiguas que debieran estar en el panteón donde fueron enterradas, y por parecerles como nuevas, las desentierran. Lo más triste es que mucha gente da oídos a dichas enseñanzas erradas pues las presentan como veneno en vasos de plata.

EJERCICIO: ¿Puede mencionar algunas de estas doctrinas erradas que se presentan como verdad?

3. Sólo la Biblia es Palabra de Dios.
Por eso la Biblia dice en 1ª. Pedro 4:11: "Si alguno habla, hable conforme a las palabras de Dios...". El Señor les dijo a los dirigentes judíos: "¿No erráis por esto, porque ignoráis las Escrituras, y el poder de Dios?" (Marcos 12:18-25; lea este pasaje). El Divino Redentor dijo a los dirigentes judíos cuando cuestionaban su poder para sanar, y porque se hacía igual a Dios: "Escudriñad las escrituras; porque a vosotros os parece que en ellas tenéis la vida eterna; y ellas son las que dan testimonio de mi; y no queréis venir a mí para que tengáis vida." (Juan 5:39-40).

Lo que estos versículos nos enseñan, es que debemos "escudriñar" las enseñanzas del Sagrado Libro constantemente, para que, iluminados por el Espíritu de Dios, podamos extraer de ella la verdad correcta de su mensaje para enseñarla hoy; es decir, discernirla y <u>alimentarnos</u> nosotros primero para después alimentar a los rebaños del Señor a nuestro cargo.

Para discernir la letra de la Santa Biblia, el ministro o maestro, o el que la enseñe, debe estudiarla <u>correctamente</u>, pidiendo primero al Espíritu Santo que le ayude, lo "ilumine", tanto a él, que la enseña, como a sus oyentes, para extraer de ella Palabra de vida que se aplique a sus necesidades. Nosotros no tenemos porque hablar nuestra propia sabiduría, pues aunque nosotros fuésemos muy cultos o hayamos tenido una educación a muy alto nivel; aunque fuese un conocedor de los idiomas originales en que fue escrita; como siervos de Dios, siempre debemos apelar a la sabiduría divina actual, es decir:

"...Si alguno habla, hable conforme a las palabras de Dios; si alguno ministra, ministre conforme al poder que Dios da, para que en todo sea Dios glorificado por Jesucristo, a quien pertenecen la gloria y el imperio por los siglos de los siglos. Amén" (1ª. Pedro 4:11). Porque así, la gloria será sólo para Dios, y no para nosotros, pero habremos sido instrumentos de honra en las manos de nuestro Dios.

EJERCICIO: Nombre 3 o 4 formas de prepararnos para ministrar la enseñanza de la Palabra de Dios.

4. Importancia de la Enseñanza.
Hablar de Dios es <u>sembrar</u> vida eterna, que traerá salvación a los que oyen la palabra. La Palabra de Dios nunca regresará vacía, sino que hará lo que debe hacer; por eso, nuestras propias palabras sobran ante la sabiduría de Dios; y con razón el Apóstol San Pablo escribiendo a Timoteo dice: "Ten cuidado de ti mismo y de la <u>doctrina</u>; persiste en ello, pues haciendo esto, te salvarás a ti mismo y a los que te oyeren" (1ª. Tim. 4:16).

Así que no solamente debemos poner cuidado a lo que hemos de hablar, y de lo que hemos de enseñar, sino que todo ello <u>tenga su base en la Biblia</u>, en lo cual debemos de <u>persistir y no claudicar</u>. Pero hay una cosa muy importante a valorar en todo lo que hemos dicho: ¿Cómo hemos de saber que hay autoridad en la Palabra, y que nosotros podemos usar esa autoridad? ¿Cómo hemos de establecer un criterio firme basado en ella cuando la enseñamos? ¿Cómo hemos de enseñar una doctrina sana si no valoramos lo que es verdaderamente <u>escudriñar</u> la Palabra de Dios constantemente; si nunca hacemos de ella el objeto de una meditación profunda, ni hacemos de ella nuestro vocabulario habitual?

Mire lo que la bendita Palabra de Dios aconseja y que usted puede aplicar en su ministerio de enseñar, de cómo escudriñar lo que lee en la Biblia para enseñar a otros:

"Y cuanto más sabio fue el Predicador, tanto más enseñó sabiduría al pueblo; e <u>hizo escuchar</u>, e <u>hizo escudriñar</u>, y <u>compuso muchos proverbios</u>. Procuró el Predicador hallar <u>palabras agradables</u>, y escribir rectamente palabras de <u>verdad</u>". Y termina con este colofón magnífico: *"Las palabras de los sabios son como <u>aguijones</u>; y como <u>clavos hincados</u> son las de los maestros de las congregaciones, dadas por un Pastor".*

Sería mucho más provechoso para nuestro ministerio si, en vez de aprender textos aislados, leyéramos una epístola <u>diez o más veces</u>, orando a la misma vez, pidiendo iluminación celestial para aprender. Hagamos la prueba, porque traerá buenos dividendos. Sugerimos dos epístolas que aunque cortas, son muy doctrinales: Santiago y 1ª. y 2ª. Pedro (y 1ª. Corintios y Romanos después).

EJERCICIO: Propóngase a leer una parte de la Biblia completa, y pida en oración al Espíritu le aumente su capacidad de entendimiento. En la primera lectura lea de corrido, pero concentrándose en lo que lee; la segunda y tercera veces, podrá detenerse en las partes que le llamen la atención y, entonces, escriba lo que le dé a entender el Espíritu. Póngase una meta para alcanzarla en un tiempo dado. ¡Dios le bendecirá!

5. He aquí Un Método Útil:
A continuación le presentamos los pasos de un método sencillo de análisis textual que le permitirá comprender mejor su estudio de un libro de la Biblia en 7 pasos (siempre siguiendo lo recomendado en el ejercicio arriba):

1) Después de leer un capitulo varias veces subraye las palabras claves y versículos sobresalientes; asegúrese de entenderlos claramente.

2) Haga una lista de <u>observaciones</u>; básicamente, ¿qué me enseña cada palabra?

3) Plantéese <u>preguntas</u> para su interpretación: ¿Por qué lo escribió el autor? ¿A quién? ¿Qué importancia tenía entonces y que aplicación tiene para mi hoy? Etc.

4) Correlacione con <u>otros pasajes</u> conocidos.

5) Haga algunas aplicaciones <u>generales</u> y <u>personales</u>.

6) Escriba una <u>conclusión</u> de las enseñanzas de cada capítulo leído.

7) Escriba: APLICACIÓN, y aplique una enseñanza por cada capítulo del libro.

Es importante al principio ligar las enseñanzas de varios capítulos para ver donde el autor cambió de tema y marcarlo. Puede parecerle lento estudiar así un solo libro; pero al cabo del tiempo le traerá buenos dividendos al presentarlo a sus alumnos. Además, sus apuntes le serán valiosísimos.

6. Autoridad en la obediencia.

Siempre, propóngase a vivir lo que enseña. El Señor exhortó a sus apóstoles en el cenáculo: "El que tiene mis mandamientos y los guarda, ese es el que me ama; y el que me ama, será amado de mi Padre, y yo le amaré, y me manifestaré a él." (Juan 14:21). La autoridad está a nuestro alcance porque viene con la obediencia. El criterio consiste en que, si amamos a Jesús, guardaremos (obedeceremos) sus mandamientos para llegar a ser "pescadores de hombres"; entonces, el Señor nos amará y se manifestará a través de su Espíritu y su Palabra con autoridad del cielo en nuestro ministerio. Ministras, pastores y maestros, ¡Como necesitamos esta autoridad para impactar los corazones de nuestros oyentes!

7. Ética de la autoridad Bíblica.

La ética cristiana nos conduce a la autoridad bíblica, porque de acuerdo con 1ª Corintios 12:12-14 es el Espíritu Santo el que dirige a la Iglesia en sus ministerios a través de los dones que Él concede, según le place. Ellos son la autoridad del cielo que necesitamos para ministrar con autoridad y proteger al rebaño del Señor de las diferentes formas de ataques que envía Satanás. El que sirve a Dios debe estar "investido de este poder de lo alto", y tener el don de discernimiento de espíritus para enfrentarse a ellos; debe enseñar y promover tal autoridad en la Iglesia sobre las obras engañadoras de Satanás, usando la Palabra con autoridad, como dice Marcos 16:17-18:

"Y estas señales seguirán a los que creen: En mi nombre echarán fuera demonios; hablarán nuevas lenguas; tomarán en las manos serpientes y si bebieren cosa mortífera, no les hará daño; sobre los enfermos pondrán sus manos, y sanarán."

Y Efe. 6:17: *"Y tomad el yelmo de la salvación, y la espada del Espíritu que es la Palabra de Dios".*

Por tanto, esa Palabra debe estar a flor de labios y destilar grosura como la miel del panal; y no sólo en el púlpito, sino viviendo conforme a todo lo que en ella está escrito, para exclamar como el Salmista "¡Oh, cuánto amo yo tu ley! Todo el día es ella mi meditación." Salmo 119:97.

8. Aplicación:

Esta Ética Ministerial, basada en la Santa Palabra de Dios, será el timón que debe llevar nuestra pequeña barquilla a puerto seguro, guiándonos para saber actuar en nuestro ministerio y crecer sin perder la ruta; para tomar decisiones y desarrollarnos en nuestro liderazgo cristiano en forma dinámica; es decir, sin descansar. Recordando que nuestro criterio, La Biblia, sea la vara de medir, con la cual nuestras acciones deben de concordar siempre, según Efesios 4:7, *"Pero a cada uno de nosotros fue dada la gracia conforme a la medida del don de Cristo"*. El don de Cristo, el Espíritu Santo, es el que reparte los dones y los ministerios en la Iglesia según le place.

Pero la gracia es, tanto la Obra de Cristo en el Calvario, como toda la doctrina o enseñanzas que se desprenden de ella: Es nuestro deber compartir con el mundo ese evangelio que a nosotros nos dio nueva vida. Según nuestro ministerio, es en este criterio en el que debemos de ministrar y actuar en todo tiempo de acuerdo con la Santa Biblia, tanto cuando ministramos, como en cualquier otra situación en nuestra vida diaria.

> *"Y les dijo: Id por todo el mundo y predicad el evangelio a toda criatura. El que creyere y fuere bautizado, será salvo; mas el que no creyere, será condenado. Y estas señales seguirán a los que creen: en mi nombre echarán fuera demonios; hablarán nuevas lenguas; tomarán en las manos serpientes, y si bebieren cosa mortífera, no les hará daño; sobre los enfermos pondrán sus manos, y sanarán".*
> *Marcos 16:15-18*

Este es el blanco de toda Ética Ministerial, predicar y vivir un Evangelio de poder; pero con el sello de sencillez moral que aconsejó el anciano Apóstol Pedro:

> *"Humillaos, pues, bajo la poderosa mano de Dios, para que él os exalte cuando fuere tiempo; echando toda vuestra ansiedad sobre Él, porque Él tiene cuidado de vosotros. Sed sobrios, y velad; porque vuestro adversario el diablo, como león rugiente, anda alrededor buscando a quien devorar; al cual resistid firmes en la fe, sabiendo que los mismos padecimientos se van cumpliendo en vuestros hermanos en todo el mundo."*
> *1ª. Pedro 5:6-9.*

EJERCICIO: Escriba una breve definición de los siguientes puntos:

a. Autoridad en la Obediencia.

b. Ética de la Autoridad Bíblica.
c. Describa las bases de aplicación de la Ética Ministerial.
d. Examen: Escriba un ensayo de dos páginas, explicando cómo piensa usted actuar dentro de su ministerio en particular, aplicando los principios estudiados.

CAPITULO CUATRO
LA ÉTICA DE LA SANTIDAD EN EL MINISTERIO

"Porque yo soy Jehová vuestro Dios; vosotros por tanto os santificareis y seréis santos, porque yo soy santo..." Lev. 11:44.

I. LA SANTIDAD: UNA HERENCIA CELESTIAL

A. INTRODUCCIÓN:

Hemos escudriñado la forma cambiante del mudo de ver la práctica del bien y el mal. La Ética General se refiere a la <u>práctica de la moral</u> en la vida de los hombres. <u>La moral concierne al juicio de lo bueno y de lo malo</u>. En realidad, tiene que ver con el uso de nuestra libre voluntad, de saber escoger entre el bien y el mal, y tomar decisiones. El hombre vive una lucha constante con este dilema, porque, en su desobediencia a Dios, es como una nave sin piloto o sin brújula que le pueda conducir a hacer lo bueno <u>siempre</u>. Por esa razón, Dios mismo se nos ha revelado; primero en la Santa Biblia, y finalmente encarnándose Él mismo para regresarnos a los "caminos antiguos".

1. Antiguo Testamento.
a. <u>Creación y Caída del Hombre.</u> La concepción de la vida moral, tanto en el Antiguo como en el Nuevo Testamento difiere muchísimo entre el uno y el otro. El Antiguo Testamento nos refiere en el Génesis que el hombre fue hecho un ser moral perfecto, pues reflejaba el carácter de Dios que lo hizo (como todo lo que El hace) en perfección moral. Fue hecho en imagen espiritual de Dios y también se reflejaba a Él en Su *personalidad;* es decir, con *inteligencia, sentimientos y voluntad*. Precisamente, en uso de su voluntad fue que Eva aceptó el consejo de Satanás de desobedecer a Dios; Adán, sin cuestionar el hecho, lo aceptó, y fueron ambos echados del Edén; perdieron la comunión con su Creador e inmediatamente empezaron a morir[8] espiritualmente. Así fue como el ser humano se hundió en su vileza moral bajo el dominio de Satanás.

---

[8] *La muerte física es la separación del espíritu del cuerpo; empero la muerte espiritual se refiere a estar separado de Dio, estado en el cual todos nacemos por el pecado de Adán y Eva, nuestros padres . Sin embargo, la muerte eterna resulta en un ser que muere sin ser redimido de su pecado y separado de Dios, y su espíritu va al Infierno y, finalmente al Lago de Fuego Eterno.*

b. <u>Dios escoge un amigo en Abraham.</u> Dios, dolido intensamente por la caída del hombre (en el pecado), decidió enviar un Salvador. El desarrollo del Plan de Dios para salvar a la raza humana de su tremendo mal, lo empezamos a entender desde que en el Capítulo 12 del Génesis, escoge Dios a Abraham como "su amigo". Dios pone a Abraham rigurosas pruebas y se asegura que Abraham le será fiel a Sus promesas, y entonces hace *pacto* con él y toda su descendencia (<u>Pacto Abrahamico</u>), porque de la descendencia en Isaac, su hijo, y Jacob, su nieto, vendría al mundo tan extraordinario Salvador – el Mesías (Gen. 15:3-9, 18; 17:9-19).

c. <u>Pacto Sinaítico</u>. En realidad, la institución de una vida moral del pueblo de Israel, que estuviera de acuerdo con la mente de Dios, se inicia con el Pacto que hace con ellos 430 años mas tarde ante el Monte Sinaí (Pacto Sinaítico) para ratificar el Pacto con Abraham. Ahí Dios entrega a Moisés, el líder designado por Dios, toda Su Ley de mandamientos, estatutos, preceptos y promesas, obedeciendo las cuales, se habrían de convertir en un pueblo escogido y moralmente diferente a los demás.

d. <u>La infidelidad de Israel es clara.</u> Según vemos en la historia de este pueblo escogido, no todos supieron guardarse en obediencia de dicha Ley; sin embargo, a través de los siglos Dios siempre se reservó un remanente fiel, y de entre ellos, pasados muchos siglos, Dios escogió un vaso de honra para que por ella, una virgen doncella, Dios enviara a Su Hijo Eterno encarnado en el Dios–Hombre llamado Jesús de Nazaret.

e. <u>El plan y la paciencia de Dios</u>. Estudiando las 7 Dispensaciones en la Biblia, pondremos entender la inmensa paciencia de Dios para con el hombre, pues éste es dado de continuo mal. Estos períodos de tiempo son intervalos necesarios, en tanto Dios hace preparativos para salvar a la raza humana mediante ese Salvador que, según Génesis 3:15, sería uno nacido de mujer (Isa. 9:6-7).

Las Economías de Dios llamadas Dispensaciones son:

- Primera: Llamada de la Inocencia: *Adán y Eva en el Edén; pecan y son lanzados del Edén.*
- Segunda: Llamada de la Conciencia: *Desde la salida de Edén hasta el Diluvio.*
- Tercera: Llamada del Gobierno Humano: *Desde el Diluvio hasta la confusión de lenguas; torre de Babel.*
- Cuarta: Llamada de la Promesa: *Desde el Pacto de Dios con Abraham hasta la salida de Egipto.*
- Quinta: Llamada de La Ley: *Desde el Pacto Sinaítico con el pueblo de Israel, hasta la crucifixión del Señor en el Monte Calvario.*
- Sexta: Llamada de la Gracia: *Cristo; La Iglesia; el Rapto; Armagedón.*

Séptima: Llamada del Milenio. *Reino milenial del Señor Jesucristo*
Cada Dispensación inicia con un Pacto y termina con un Juicio de parte de Dios; Dios así interviene para frenar que el hombre se siga pervirtiendo y ofendiéndole. Enseguida, Dios inicia una nueva dispensación, ofreciendo a las nuevas generaciones un nuevo sistema moral para dejar de ofenderlo y gobernarse mejor. Ejemplos:

d. <u>La práctica de la Ley.</u> Al salir de Egipto, guiados por Moisés, Dios les da a los Israelitas un código de leyes y promesas. En La Ley, por medio de manifestaciones teofánicas[9] prácticamente el Ángel de Jehová habita en medio de Su pueblo Israel. Por 40 años los protege de las inclemencias y peligros del desierto, los alimenta y les provee de todo cuanto es necesario; dirige a sus líderes, comunicándose con ellos de viva voz a través del Arca del Pacto. En fin, la dispensación de la Ley es la <u>antesala</u> de la Gracia. En ella, además de en forma <u>teofánica</u>, Cristo está presente en todos los símbolos de la Ley, los sacrificios, el sacerdocio e incluso en el cumplimiento de los pactos hechos con los descendientes de Abraham. Se nos muestra así la grandeza del amor y paciencia de Dios descritas en Juan 3:16. Pero, recordamos, todos son simbolismos difusos.

2. Nuevo Testamento.
En la Dispensación de la Gracia, se nos revela el mismo Dios del Sinaí, pero ahora encarnado en el más sublime de los seres que han visitado este planeta, el Verbo Encarnado en el hombre Jesús. ¡Aleluya! Juan, al iniciar su Evangelio, lo describe así:

"<u>*Y aquel Verbo fue hecho carne, y habitó entre nosotros*</u> *(y vimos su gloria, gloria como la del Unigénito del Padre) lleno de gracias y de verdad.*" También, inicia su Primera Carta: *"Lo que era desde el principio, lo que hemos <u>oído</u>, lo que hemos <u>visto con nuestros ojos</u>, lo que hemos <u>contemplado</u> y <u>palparon</u> nuestras manos, tocante al Verbo de Vida ...eso os anunciamos, para que también vosotros tengáis comunión con nosotros..."*
Poéticamente, lo describe el autor de una alabanza:

Dejó su gloria del Cielo, y al mundo descendió;
Y en la cruenta cruz del Calvario, Jesucristo por mi murió.

Si esto no es amor, no hay agua en el mar;
No puede el ave volar, ni los astros brillarán.
Si esto no es amor, no siento el latir en mi alma feliz;
Si esto no es amor.

---

[9] *Se llama teofanía a la voluntaria y temporal manifestación de la Deidad en forma humana a los patriarcas; en particular a Abraham.*

a. <u>Encarnación del Verbo</u>. El Verbo, que dejó Su trono de Gloria, nos muestra un inefable amor que nosotros los humanos jamás alcanzaremos a comprender. Siendo el Creador de todo lo que existe, Soberano del Universo, quiso encarnarse solo para ser el sacrificio vivo y perfecto con el cual, al derramar su preciosa sangre, redimir a un mundo sumido en la peor condición de pecado, condición de la cual nos sacó a ti y mí, junto con millones y millones de almas de las generaciones que nos han precedido, para darnos su vida y rescatarnos para llevarnos con Él a morar en su gloria eterna. ¡Increíble!

b. <u>Los Motivos de Su Encarnación.</u> Juan 3:16-17 nos describe en una capsula el Plan de Dios para salvar al hombre por medio de su Hijo encarnado en Jesús de Nazaret. Su misión es cuádruple: <u>primero</u>, redimirnos de nuestra muerte espiritual por causa de la maldición del pecado (Ef. 2;1-3); <u>segundo</u>, transformarnos; de seres corruptos a nuevas criaturas en santidad angélica (Gal. 2:20); <u>tercero</u>, llevarnos a vivir al cielo de donde vino (Jn. 14:2-3). Como el Hijo del hombre, no quiso sólo morar en medio de nosotros, sino que para asegurar nuestra obediencia a la santidad y servicio en su Obra preciosa, su Ley de amor la ha escrito con su sangre en nuestros corazones, quitando el de piedra y poniendo uno nuevo, de carne lavado en su sangre; adoptándonos como sus hijos. <u>Cuarto</u>, nos envió su propio Espíritu para que Él mismo pudiera habitar en nuestro corazón. Él mismo ha venido a ser el timonel y nave, y brújula espiritual (todo a la vez) de nuestro peregrinar por el tormentoso mar de nuestra vida, y de ese modo, guiarnos hasta llegar a la tierra de promisión reservada para nosotros en las moradas celestiales que El nos ha preparado. (Ezequiel 11:19-20; Gal. 3:13-16, 4:6-7; 1ª Tes. 4.16-17).

¿No te parece, por todo esto, que vale la pena vivir y servirle, obedeciendo sus leyes de amor; de llevar su yugo sobre nosotros, porque su yugo es fácil y su carga ligera; desarrollar nuestro ministerio con dignidad, sirviendo al que es Rey de reyes y Señor de señores? ¡Nunca te arrepentirás!

II. LA SANTIDAD COMO VIVENCIA EN LA GRACIA:

A. DEFINICIONES.

Iniciaremos con la pregunta ¿Será posible hacer de la Santidad una práctica diaria o *modus vivendum?* Esta nos lleva enseguida a otra pregunta igualmente importante:

1. ¿Qué significa la palabra *práctica*?
Algunas definiciones del Diccionario Pequeño Larousse son:
- <u>Aplicación de una idea, doctrina, enseñanza o pensamiento</u>.
- Destreza adquirida con el ejercicio.

- <u>Uso continuado de una cosa. Su estilo o costumbre</u>.
- Ejercicio de cualquier arte o facultad conforme a sus reglas.
- Modo o método que uno observa en sus operaciones.

DEFINICIÓN: *Luego la Ética de la Santidad es la aplicación de nuestra voluntad regenerada por el Espíritu Santo, al uso correcto del criterio bíblico, buscando practicar el bien de Dios, guardándonos de no ofenderle haciendo el mal.*

2. Aplicación.

¿Puede aplicarse la ética de la santidad en el ministerio? Pensamos que sí. Ella resulta de vigilar y aplicar dicho criterio bíblico a todos los aspectos de la vida del que ministra a un rebaño del Señor, sea este ministerio de cualquier envergadura o alcance en la Obra de Cristo en la tierra: enseñanza, diaconado, ayuda ministerial, trabajando en la Iglesia, o en el pastoreo de una congregación grande o pequeña. Naturalmente, esto nos es impuesto para servir de ejemplo, como lo fue Cristo con sus discípulos.

Luego, si aplicáramos esta definición para hacer de la Santidad una práctica, tendríamos que encontrar el respaldo bíblico adecuado. Pero éste existe en abundancia, porque la santidad es un mandato de Dios y de Cristo, que se encuentra disperso en toda la Biblia. Y, puesto que la respuesta a nuestra pregunta es sí, con la ayuda de Dios trataremos de desarrollar este hermoso concepto aplicándolo a la vida y al ministerio.

3. Facetas de la Santidad.

Ella tiene varias formas de verse; entre otras:

- cómo la veo y comprendo yo, como ser humano y como cristiano; Sal. 93:5; Ef. 4:22-24.
- cómo la perciben y practican otros pastores, ministros y buenos cristianos; Heb. 12:9-10, 14.
- cómo la entienden otros en la Iglesia bajo el efecto del modernismo del mundo; 2ª. Cor. 6:14-16; Rom. 6:21-22.
- pero sobretodo, cómo la entiende Dios, al exigir que la pongamos en práctica por medio de la enseñanza doctrinal bíblica. Luc. 1:67-75; Exo. 28:36-38; 1a. Tes. 3:12-13; Jn 3:5; 1ª Ped. 2:11-12.

4. Dos formas de considerarla.

Sabemos, como hijos de Dios, que la Santidad en las Sagradas Escrituras se debe entender de dos formas:

a. Ser apartados de todo lo que es <u>contrario</u> a la mente de Dios.

b. Ser apartados para <u>Dios mismo</u>; enteramente para su Reino de Luz.

5. Conciencia de la Santidad.

Cuando nuestra *actitud* moral se encuentre firmemente fundamentada en estos dos conceptos y sus expresiones bíblicas, entonces surge una verdadera *identificación* individual del cristiano con su Salvador y Señor, tal como la relación entre un hijo con su Padre. Es la *conciencia* de pertenecer a su Reino y de ser parte del Cuerpo Místico de Cristo. Porque un nuevo concepto ha surgido en la mente del creyente: "Las cosas viejas pasaron; he aquí, todas son hechas nuevas". "... y ya no vivo yo, mas vive Cristo en mi; y lo que ahora vivo en la carne, lo vivo en la fe del Hijo de Dios, el cual me amó y se entregó a sí mismo por mí." (2ª Cor. 5:17; Rom. 6:6; Gal. 2:20).

a. La Nueva Criatura. Para el cristiano salvo, sin duda, debe ser una experiencia maravillosa alcanzar la "conciencia" (seguridad) del status de ya no pertenecer a nada ni a nadie más que a nuestro Salvador, el Señor Jesús; ni anhelar más hacer nuestra propia voluntad obedeciendo al mundo o siendo atraídos por sus insinuaciones nuevamente impulsados por nuestra carne, porque ella ya está muerta al pecado en el Calvario con Cristo. Sino que ahora, dejemos que el Espíritu Santo que ha venido a morar en nosotros, sea el que controle nuestra mente -- esta es la mente de Cristo que poseemos ahora. Seguir obedeciendo a los pensamiento de nuestro hombre viejo es lo peor que podemos hacer. Llenemos nuestra "nueva mente" con los pensamientos divinos de Su Palabra, de acciones que glorifiquen a Dios, de las alabanzas que salen de nuestros labios agradecidos, de nuestros testimonios de victoria y de la intima comunión con Dios en la oración constante. El diablo no cesará en querer estorbar y tratar de desviarnos de nuestro nuevo destino eterno; por eso, usaremos las armas espirituales para vencerlo como lo hizo el Hombre Jesús en el desierto: La Santa Biblia y la llenura de Su Espíritu.

Eso es lo que significa obtener la conciencia de que verdaderamente somos libres, pues ya no es una función de la mente nuestra, sino del Espíritu de Cristo que El ha enviado a residir en el cristiano lavado y comprado con su preciosa y poderosa sangre; es decir, ya tenemos la mente de Cristo. A ella solo el Espíritu de Cristo la debe controlar (Lea, por favor, Rom. 8:5-10). Por lo mismo, el Espíritu debe instilar en nosotros la conciencia de que somos hijos de Dios y pertenecemos al Cuerpo Invisible de Cristo, produciendo en nosotros el fruto de santidad. Solo así se nos puede aplicar el texto que leímos. La Nueva Criatura, en vez de preocuparse de no pecar, debe ocuparse en agradar a Dios, creciendo, sirviéndole y aprendiendo a blandir las armas divinas para arrancarle almas al reino de las tinieblas.

TEXTOS DE BASE: Heb. 11:15-16; Efe. 4:22-24; Rom. 12:1-2; 8:5-10; 1ª. Cor. 2:14-16; Efe. 6:11-18.

b. Tener la *conciencia* de que ahora somos verdaderamente libres, ya no es una función de la mente nuestra, sino del Espíritu de Dios que ahora reside dentro del cristiano lavado y comprado por la sangre de Cristo Jesús; tenemos la mente de Cristo. Somos nuevas criaturas por su Espíritu que El ha depositado en nosotros. Y el Espíritu nos da testimonio de que somos hijos del Reino de la Luz. !Aleluya!

c. RESULTADO: Las bendiciones de Dios están *condicionadas* a este nuevo estado de *conciencia* de ser hijos suyos, dispuestos a ser obedientes a los requerimientos morales de Dios. Nosotros atamos a Dios de las manos para bendecirnos, porque un principio fundamental de esto es: *que en el ámbito del carácter moral de Dios, es imposible para Dios bendecirnos plenamente, o usar a aquellos de entre sus hijos que están involucrados o comprometidos con el mundo en alguna forma de mal.* Esto lo ha demostrado el Señor en sus relaciones con el pueblo de Israel (Is. 1:13-15).

III. LA NUEVA NATURALEZA DEL CRISTIANO

DEFINICIÓN: En términos generales humanos, hablar de moral es hablar de la conducta y de las acciones humanas en relación a la bondad o malicia. Pero en términos cristianos, Ética Cristiana es el conjunto de manifestaciones de nuestro comportamiento que refleja nuestra alma o espíritu en sus relaciones con Dios, con nosotros mismos y con el mundo.

A. TESTIMONIO AL MUNDO.

Para nosotros, los que tenemos algún ministerio, también, con mayor razón, refleja una disposición o falta de ella, para practicar lo que bíblicamente es recto en el cumplimiento de nuestra misión en la tierra. Lo que, en sí, nos identifica ante el mundo como buenos o malos miembros de una colectividad social llamada *ministros de Cristo*.

1. Valores Grises.

Cuando, comparamos nuestros valores morales de la ética cristiana con los del hombre natural, y nos encontramos en una escala de estándares cercanos a los del mundo, y no con respecto a nuestro criterio bíblico del bien y del mal, de tal modo que nuestros valores ministeriales o cristianos resulten ser solo *relativos*, al grado de que nos atrevamos a clasificar algunas de nuestras acciones como, "ni tan malas, ni tan buenas"; no solo habremos caído en la mediocridad de nuestra ética, sino de la gracia de nuestro Salvador que nos llamó a servir en su viña. (Ver Apocalipsis 3:15; 2:14).

2. Nuestra imagen moral restaurada por Jesucristo.

Hasta donde alcanzamos a entenderlo, la moral cristiana está basada en el carácter moral de Dios, el cual es absoluto y en todo supremo, sin comparación posible. Dios creó al hombre a su imagen y semejanza con al menos dos propósitos:

a. Su imagen: Dios es Espíritu simplísimo, perfecto y eterno. El nuestro era perfecto e inmortal, para vivir en amistad perpetua con el Creador; pero nuestro espíritu murió al desligarse de Dios en la desobediencia. Pero en el cristiano redimido, el Espíritu Santo que nos habita la ha restaurado a la imagen de Cristo.

b. Nuestra semejanza. Desligados del Creador al desobedecer, nuestra semejanza de carácter moral ante Dios también se deterioró, y bajo el dominio del pecado, la moral en el ser no salvo queda supeditada a lo que dicte la sociedad. Pero Jesucristo en el Calvario nos redimió y hemos vuelto a ser restituidos como hijos de Dios, aunque aun en la carne.

c. Imagen restaurada. Restaurada hoy nuestra imagen y semejanza con nuestro Hacedor, podemos reflejar un carácter moral en semejanza a Jesucristo; y a través de ese carácter podemos tener una nueva convivencia o comunión con nuestro Creador. Jesucristo, por su victoria en la cruz del Calvario y por su Resurrección, ha logrado restaurar esa condición, poniendo de Su Espíritu en nosotros como "brújula moral", a fin de que podamos predicarle al mundo de nuestra nueva imagen restaurada por la Sangre derramada en el Calvario, anunciando que cualquier ser humano en cualquier forma de perversión, puede ser restaurado como nosotros, a una nueva vida moral del cielo, creyendo en el Señor Jesucristo. (Romanos 5:17)

3. Nuestro viejo hombre.
Nuestros padres federales, Adán y Eva, nos transmitieron ese gusto por pecar llamado *concupiscencia*, y aunque redimido, el hombre sigue viviendo en un cuerpo acostumbrado a pecar, al cual debe aprender a dominar hasta que le sea dado otro sin relación con el pecado, en el Rapto. Por esta razón ahora en los redimidos mora el Espíritu Santo, el cual nos va restaurando en nuestro hombre interior (regeneración), dándonos poder para controlar nuestra carne con su natural apetito por pecar, que continúa en nosotros, dominando nuestro hombre viejo acostumbrado a pecar. (Romanos 7:18-20; 8:8-10; 1ª. Juan 2:1-3).

4. Separación real del mundo.
Santidad significa estar separados del mundo y apartados para Dios en la práctica de nuestros actos de moral, como dijimos arriba. Ahora, veamos cual es la mecánica de este ejercicio: Debemos separarnos del mundo en tres sentidos: en deseo, en motivo y en acción.

a. 'En deseo' se debe entender toda clase de pensamiento que esté dirigido por el cortejo del mundo y sus instrumentos de placer. En otras palabras, se trata de los anhelos y placeres que antes nos cautivaban y con los que se deleitaba nuestro ser y en los cuales nos tenía mentalmente programados el rey de las tinieblas, para correr a ellos. Tal vez algunos de ellos nos proporcionaban "satisfacción momentánea", como lujos, fama y riqueza. (1ª. Ped. 4:3). Otros traían momentánea paz, tranquilidad y distracción de las penas, ansiedades y amenazas de muerte (Ef. 4:17-20).

Hoy somos libres de ellos, siempre y cuando estemos bien anclados a esa libertad obedeciendo al Espíritu de Cristo que mora en nosotros. Este es posiblemente el área <u>más vulnerable</u> de nuestro viejo hombre, y el diablo lo sabe muy bien, porque incluye todas las áreas de nuestra vida diaria que están bajo control de nuestro <u>cerebro</u>; y para resistir a los cortejos del diablo, debemos saber usar, como Jesús, las <u>armas espirituales</u> que tenemos a nuestro alcance: la Palabra de Dios, la Sangre del Cordero de Dios, el poder del Espíritu y el poderoso Nombre de Jesús. (Gal. 4:8-9; Ef. 4:17-20).

b. '<u>En motivo</u>' debe entenderse que es el <u>identificarse con las motivaciones</u> que mueven al mundo: p. e., formas de vida, riquezas y fama, aprisionados en antiguas costumbres y atavismos o traumas que antes nos motivaban a actuar ante una circunstancia difícil y utilizar medios que, aunque <u>ilícitos o engañosos,</u> nos sacaban de apuros y salíamos airosos: La Biblia le llama el "yugo desigual" y nos lo describe así:

"No améis al mundo, ni las cosas de este mundo. Si alguno ama al mundo, el amor del Padre no está en él. Porque todo lo que hay en el mundo, los deseos de la carne, los deseos de los ojos, y la vanagloria de la vida, no proviene del Padre, sino del mundo. Y el mundo pasa, y sus deseos; pero el que hace la voluntad de Dios permanece para siempre". 1a Juan 2:15-17.

San Pablo nos habla de esta condición en que viven muchos cristianos que voluntariamente se aferran a seguir "en <u>contacto</u> con el *kosmos*"; bajo distintos y sutiles lazos siguen apegados a prácticas, costumbres o tradiciones con los inconversos <u>en un propósito común: "No os unáis en yugo desigual con los incrédulos; porque, ¿qué compañerismo tiene la justicia con la injusticia? ¿Y qué comunión la luz con las tinieblas?" (Lee todo el pasaje: 2ª. Corintios 6:14-18)</u>

Deuteronomio 22:10 también enseña como *principio de acción moral,* y como enseñanza metafórica moral: <u>*"No ararás con buey y con asno juntamente"*</u>. El Señor Jesucristo dramatiza la vida nueva y la vieja enseñando a <u>no poner parche nuevo en tela vieja</u>. No funciona, simplemente (Mar. 2:21-22).

c. '<u>En acción</u>' con el mundo. Es decir, que algunos insisten en decirse cristianos, pero continúan viviendo con las costumbres y acciones del mundo. La Biblia define al mundo desde el punto de vista ético, y con referencia a lo que es el mundo, con la palabra griega *kosmos. Ella nos describe el "orden o sistema" bajo el cual Satanás ha organizado a la humanidad incrédula, <u>de acuerdo a principios cósmicos de fuerza, orgullo, egoísmo, ambición y placer.</u> (Apocalipsis 12:9).*

Nosotros nos podemos percatar de que el sistema del *kosmos* es <u>impresionante y poderoso</u>; con ejércitos y flotas armadas compitiendo con rivalidades y ambiciones comerciales, económicas, sociales y territoriales, por la conquista de los pueblos para engrandecimiento de los más fuertes y socavo de los débiles; y para formar un Imperio de Placer Carnal.

IV. LAS FUERZAS QUE SE OPONEN A LA SANTIDAD.

A. EL SISTEMA DEL KOSMOS.

1. El engaño del Kosmos.

Aparentemente religioso, científico, culto y elegante; no obstante, en el Kosmos se vive en el constante péndulo de crisis, bajo la amenaza de guerra y mutua destrucción, confiando en su poderío bélico y comercial; bajo el dominio de Satanás, el cual no descansa en abrir el apetito de los hombres encumbrados a acumular más y más vanas riquezas humanas y de autodestrucción, porque son simplemente como dice Eclesiastés 12:8: "Vanidad de vanidades... todo es vanidad".

2. Estemos alertas.

a. Como cristianos, cuando entendemos el significado de que el mundo o *kosmos* es el reino de Satanás, no nos servirá ninguna excusa el involucrarnos o participar nuevamente con él bajo cualquier circunstancia. Nuestra vigilancia debe ser aún más estricta sobre los engaños de Satanás que trata de meter en la Iglesia (Efe. 6:10-11): falsos creyentes, falsos maestros y falsas doctrinas, rencillas y pleitos, son instrumentos que el diablo ha metido de manera sutil en las iglesias. Por esa razón el Señor Jesús rogaba al Padre: *"No te pido que los quites del mundo, sino que los guardes del mal"*. Mat. 13:24-30.

b. Firmeza en nuestra santidad. Pero no, no debemos removernos del mundo en donde nos ha puesto el Señor para brillar con la luz de su verdad. No es como pensaban los fariseos que el contacto con los gentiles (no salvos) nos contamina; sino el no ser estrictos con nuestras exigencias personales en Dios para vivir según Su Palabra; que dondequiera que estemos, pueda brillar nuestra luz delante de los hombre, y que en lo que nos critican, algún día lleguen a glorificar a nuestro Padre celestial. Esta es la ética[10] del Reino de Cristo en la tierra tal como la resumió Cristo en su Sermón del Monte en Mateo 5, 6 y 7.

c. Los dardos de Satanás se harán más frecuentes y más sutiles conforme nos iniciamos en nuestros ministerios o nuestra nueva vida con Cristo. Algunas veces, serán dolorosos al atacar las fibras tiernas de nuestro corazón, con enfermedades, crisis económicas, pérdidas de algún ser querido, traiciones inesperadas; en fin, en lo que más nos duele. Es el momento de usar nuestras armas espirituales aunadas a nuestros ayunos y oración. Dios las permite porque sabe que son medios de crecimiento que El usa para que veamos las victorias que obtendremos si nos aferramos a confiar en El. Nos obligan a meternos al gimnasio de la fe y la oración. (Efe. 6:12-18).

3. Nuestras ligas con el *kosmos*.

---

[10] Ética es la práctica de la moral cristiana siguiendo las costumbres, criterios y parámetros de comportamiento moral según la palabra de Dios.

Nuestros vínculos con el mundo, implican la imposibilidad impuesta por nosotros mismos a Dios para bendecirnos. Por eso dice Santiago:

"Pedís y no recibís, porque pedís mal, para gastar en vuestros deleites. ¡Oh, almas adulteras! ¿No sabéis que la amistad del mundo, es enemistad contra Dios? Cualquiera, pues, que quiera ser amigo del mundo, se constituye enemigo de Dios."

Le exigimos a Dios sus atenciones y cuidado, pero seguimos ligados al mundo de alguna manera. Cristo exige de nosotros una vida de lealtad separada totalmente del mal y consagrada solo a Él, porque Él es Santo (Santiago 4:3-4). *"Así que, si alguno se limpia de estas cosas, será instrumento para honra, santificado, útil al Señor, y dispuesto para toda buena obra."* (2ª.Timoteo 2:21).

Citas bíblicas para repasar: Daniel 2:3-34, 40-43; Apocalipsis 13:1-8; Mateo 7:15_20, 4:8-11; Juan 12:31; Efesios 2:4-7; 1a. Juan 2:15-17; Salmo 25:12-15; Santiago 4:5-10; Mateo 5, 6, 7; .

B. NUESTRA PATERNIDAD DIVINA (1ª Ped. 5:10).

La recompensa a una vida separada del mal es la plena manifestación de la "conciencia" de paternidad divina; la relación de padre a hijo con Dios, se manifestará en una vida de comunión ininterrumpida con nuestro Padre Celestial:

1. *Victorias y poder*. En experiencias de triunfo y de poder contra las fuerzas del diablo;
2. *Para ganar almas*. Viendo que las almas se rinden a Cristo por nuestro ministerio;
3. *Espíritu de servicio*. En un fruto abundante del Espíritu de servicio en nuestro ministerio;
4. *Abundantes bendiciones*. Por nuestra gratitud en el servicio, tendremos recepción de numerosas bendiciones de parte de nuestro amoroso Padre Celestial.
5. *"Caminar en el Espíritu"*.

Pero lo más glorioso será, que habremos aprendido a 'andar en el Espíritu'; es decir, que nuestra comunión con nuestro Padre Celestial y con Nuestro Salvador habrá alcanzado una intimidad constante a través de nuestra morada del Espíritu Santo en nuestro hombre interior. (Lea: Gen. 17:1; Gal. 5:16, 25; Juan 14:21).

Sin embargo, está el dicho del Sagrado Libro, 'si alguno piensa que está firme, mire que no caiga', porque 'el diablo anda como león rugiente, buscando a quien devorar'. También dice: "Vestíos toda la armadura de Dios para que podáis estar firmes contra las acechanzas del diablo." Nuestra atracción hacia el mundo no llega repentinamente; ésta será resultado de una serie de pequeños descuidos de nuestra vida espiritual, los cuales sirven de atracción al malo, quien sutilmente te pondrá la celada para hacerte caer.

Echad toda vuestra ansiedad sobre él, porque él tiene cuidado de vosotros. Sed sobrios y velad, porque vuestro adversario el diablo, como león rugiente, anda alrededor buscando a quien devorar. Resistidlo firmes en la fe, sabiendo que los mismos padecimientos se van cumpliendo en vuestros hermanos en todo el mundo. 1 Peter 5:7-9

EJERCICIOS DE REPASO – CAPÍTULO 4

I. LA SANTIDAD: HERENCIA CELESTIAL
Página 37.
1. Explica si el significado del texto de apertura de este capítulo (Lev.11:44) puede aplicarse al cristiano de hoy.
2. ¿A qué nos conducen la práctica de la Ética y sus criterios? A. Al uso de nuestro albedrío; B. A tomar decisiones; C. A escoger entre el bien y el mal.
RESPUESTA: A___ B.___ C.___
3. ¿Por qué tiene Dios el derecho de exigir a los suyos que sean santos? (Dos respuestas).
4. Al principio, Dios hizo al ser humano moralmente perfecto; o sea, a Su Imagen y Semejanza. Explica cada una de ellas:
    A. Imagen: B. Semejanza:
5. Cuáles son las tres formas de "muerte" que la Biblia enseña que hay?:
    A.   B.   C.
Página 37.
6. En la Biblia, el Plan de Dios empezamos a verlo con más claridad a partir del Cap. ___ de _____,
donde se lee del llamamiento de _____ por Dios, quien después hace con él el Pacto _____.
7. El Pacto con Abraham fue ratificado 430 años después al pie del _____; ahí Dios declara a los Israelitas como "su pueblo" bajo condición de obedecer _____, las que recibe personalmente _____.
8. Las Siete Economías de Dios, llamadas _____, nos muestran claramente la _____ de Dios para preparar el terreno y enviarnos al que cumpliría la profecía de Gen. ____. Ellas son: 1. De la_____; 2. De la _____; 3. Del _____; 4. De la _____; 5. De la _____; 6. De la _____; 7. De El _____. Estas Economías de Dios siempre inician con _____ de Dios con el hombre, y terminan con un triste _____ del hombre y un juicio de parte de Dios, porque el hombre no guarda _____.
9. ¿Qué parte del Pacto de Dios con Abraham nos incluye a los cristianos del mundo no judío? Escríbela.
10. El milagroso rescate del pueblo de Israel de Egipto y su peregrinar por 40 años en el desierto, muestra muchos simbolismos para los cristianos. Describe tres o más. (p. 38-39).
10. Explica la forma en que el dador de la Ley del Sinaí se nos revela en la Dispensación de La Gracia.
11. En breves palabras resume los cuatro puntos que explican los motivos que tuvo Dios para enviar a Su Hijo en la persona encarnada del Cristo de Nazaret. (p. 38-39)
II. LA SANTIDAD COMO VIVENCIA EN LA GRACIA (p. 40)
12. ¿Cuál/les significado/s de los dados por el Diccionario Larousse, crees que describe mejor lo que es la práctica de la Santidad como ética cristiana?

SERIE MINISTERIO

13. Para hacer de la Ética de Santidad una práctica o modus vivendum (según la DEFINICIÓN), debemos de aplicar _____ por _____ al uso correcto del criterio bíblico, practicando el _____ y evitando _____. Ahora, explícalo como tú lo entiendes.

14. ¿Cómo aplicarías esta DEFINICIÓN: a. En tu ministerio de la enseñanza; b. En tu ministerio de Predicación; 3. Directivo de un grupo en la Iglesia; 4. En las finanzas como tesorero; 5. Como líder. (p.41)

15. De las secciones 3 y 4 (p. 41, 'Facetas' y 'Formas', póngase cada una a discusión, hasta que los alumnos lo hayan comprendido y lo puedan aplicar a sus ministerios y a la vida real.

16. Cuando los conceptos de aplicar la santidad de la pregunta #15 se han comprendido ¿Cuál debe ser su resultado de identificación? (Pasa a p. 42).

17. La "conciencia" de pertenecer a Cristo solamente y a Su Cuerpo Invisible, es reconocer que nuestra carne _____; tenemos una nueva mente por _____ que ya _____ y es Quien ahora _____.

18. ¿Dónde dice San Pablo que nosotros tenemos la mente de Cristo y que debe producir esto en el cristiano Nacido de nuevo?

19. Usando este principio de "conciencia de libertad" del pecado, aplícalo a los siguientes textos bíblicos y explica cada uno:
A. Fil. 2:12-13:
B. 2ª. Cor. 10:3-5:
C. Rom. 5:8-10:

20. Escribe en tus propias palabras lo que es: A. La Ética Cristiana; B. La Ética Ministerial Cristiana.

21. ¿Qué son los "valores grises" de una moral cristiana?

22. Explica cual era la "imagen y semejanza de Dios" en el ser humano y cómo las perdió.

23. A. A que llamamos "nuestro viejo hombre"; B. Como aprendemos a dominarlo; C. Como llamamos a este proceso y cuándo termina en nosotros. (Pasa a p.44-45).

24. Nuestra "separación del mundo" debe entenderse en tres sentidos. Nómbralos, y explica cada uno. (Este asunto puede ajustarse para ampliar su aplicación en una discusión; explorar o investigar cada punto; o convertirlo en una predicación).

25. ¿De qué forma es el mundo atractivo y engañoso a la vez?

26. ¿Cuáles son algunos peligros personales y para las iglesias de hoy y como se manifiestan?

27. ¿Por qué permite Dios que los ataques del enemigo sean más fuertes y frecuentes al entrar y participar en su Reino ministrando o sirviéndole?

28. ¿Qué debemos hacer cuando se vienen los ataques referidos?

29. ¿Mantener nuestras ligas antiguas con el mundo, aunque sea en poca proporción, tendrá algún resultado negativo? Explica.

30. ¿Cuándo nos referimos al mundo como kosmos, qué connotación o descripción le damos?

31. ¿Qué significa alcanzar la "conciencia" de nuestra Paternidad Divina y cuales serán algunos de sus beneficios?

32. Agradeceríamos tus comentarios en una página por separado, sobre cómo se cubrió este tema: a. Si fue difícil entenderlo y por qué razones (lenguaje, conceptos, terminología, brevedad, falta de claridad, etc.). b. Si en tu opinión algo le faltó por tratarse. c. Qué otras áreas quisieras que se trataran. d. Califica su contenido general con X como: __Pobre __Regular __Bueno __Muy bueno __Excelente.

BIBLIOGRAFÍA

1. Ocampo, C. Honorato, ÉTICA MINISTERIAL, 1993 Ediciones Interdenominacionales. (Referencia tomada de las pp.30-32 sobre decisiones en el liderazgo).

2. Blanco, Liborio, PRACTICA DE LA ÉTICA MINISTERIAL, © 2015 por GRAPHE PUBLICATIONS. (Referencias sobre: El llamamiento; La aplicación del Liderazgo; El Orden Cultual).

3. Royston, Edgar, DICCIONARIO DE RELIGIONES, Copyright 1996, Fondo de Cultura Económica, México. (Referencias sobre las creencias filosóficas para el capitulo "La Ética en el Mundo").

4. Ness, Alex W., TRIUMPHANT CHRISTIAN LIVING, (La vida Cristiana en Victoria) © Christian Center Publications, Toronto, Canadá. (pp. 17-24, traducción sobre el carácter que busca la santidad).

5. Nee, Watchman, THE BODY OF CHRIST (El Cuerpo de Cristo) © (Sin datos de publicación). Se utiliza el principio de la "conciencia" de la vida del cristiano en el Cuerpo Invisible de Cristo).

6. Blanco, Liborio, CARÁCTER CRISTIANO POR EL EVANGELIO, (ibook), © por GRAPHÉ PUBLICATIONS (pendiente) (Referencias sobre la nueva naturaleza del cristiano y su santidad).

7. Blanco, Liborio, ENSAYOS Y PENSAMIENTOS SOBRE LA ÉTICA MINISTERIAL, (ibook), © por GRAPHÉ PUBLICACIONES (pendiente) (Referencias sobre la Ética en el Mundo y Ética Cristiana)

8. Eims, Leroy, BE THE LEADER YOU WERE MEANT TO BE, (El Líder Que Dios Quiere Hacer De Tí) © 1975 SP Publications, Inc., Fullerton, CA, USA. (Capitulo 1 usado en el llamamiento como líder, pp. 9-12; también, Cap. 3, sobre el asunto de la santidad, pp. 27-31).

9. SANTA BIBLIA, *BIBLIA DE ESTUDIO HARPER/ CARIBE,* Reina/Valera, Revisión 1960.

EL AUTOR

LIBORIO BLANCO

El "hermano Libo" como todos le dicen, nació en la ciudad de México en 1930. Estudió la carrera de Enfermero en el Ejército Mexicano. Hizo sus estudios universitarios en la Universidad de Oklahoma y trabajó como maestro de Biología y Química en Preparatorias en varias ciudades de Texas y en Los Ángeles, California, muchos años. En 1966 se inicio en el trabajo editorial con la División Internacional de McGraw-Hill Book Co. Posteriormente con Nueva Editorial Interamericana de libros médicos. Su carrera ministerial la inicio en 1982, al graduar del Instituto Teológico San Pablo. Como presidente del Presbiterio de Guanajuato, inició el Instituto Teológico San Pablo del Presbiterio, así como el mismo Instituto Teológico San Pablo, sede en USA, en Los Ángeles, California. Ha escrito extensamente materiales didácticos para ambas instituciones.

Made in the USA
Las Vegas, NV
13 September 2023